LA RÉVOLTE
DES CENTURIONS

PIERRE MONTAGNON

LA RÉVOLTE DES CENTURIONS

Un officier au putsch d'Alger

L'ARTILLEUR / BERNARD GIOVANANGELI ÉDITEUR

ISBN : 978-2-81000-977-0

Bernard Giovanangeli Éditeur
16, rue Vézelay – 75008 Paris

www.lartilleur.fr

Le temps a fait son œuvre. Plus d'un demi-siècle s'est écoulé depuis le 22 avril 1961. Ce recul permet d'étudier l'événement avec objectivité, hors de tout jugement passionnel, et de relater certains aspects qui n'ont pas encore été révélés.

Y avoir participé personnellement comme acteur me permet aussi de rendre compte de l'ambiance, de la motivation profonde de ses auteurs et, en tout premier lieu, de leur apolitisme. Ils n'aspiraient qu'à sauver l'Algérie française. Peu leur importait le régime.

En Algérie, depuis le début de l'année 1961, un mot nouveau traîne dans les conversations au hasard des pistes, des pitons ou des popotes, voire des états-majors. Il claque comme une balle trop rapprochée. Est-ce pour cela qu'on ne le prononce qu'avec prudence ? D'où vient-il ? Nul ne saurait le dire d'autant qu'il est d'origine étrangère. Ce vocable nouveau, ce ralliement des mécontentements, des espérances se murmure d'un trait. Il y a du « clash » dans l'air !

Oui, il y a du « clash » dans l'air d'Algérie. Que faut-il entendre par là ? Bien malin qui donnerait une réponse précise. Révolution, coup d'État, bouleversement politique, il y a de tout, vaste programme dans ce maître mot.

La situation présente, avec son hypocrisie et ses contradictions, ne peut s'éterniser. Il va y avoir un « clash ». Lequel ? Comment ? Par qui ? Nul ne le sait vraiment. Certains font mine d'y croire, d'autres d'en être partie prenante. Beaucoup espèrent quelque chose mais sans certitude absolue.

Il n'est point de fumée sans feu, dit le proverbe. Et effectivement quelque chose se trame. Il y a plusieurs projets en gestation avec des équipes et des chefs différents.

Pour bien comprendre la genèse et le déroulement de cette révolte militaire « Algérie française » d'avril 1961 il est nécessaire de revenir trois ans en arrière.

Chapitre premier

Un vent mauvais[1]

Au second semestre 1958, les Européens d'Algérie, les « pieds-noirs », se sont crus sauvés. Leur inquiétude et leur colère largement manifestées le 13 mai 1958 et les jours suivants ont conduit au retour aux affaires de l'homme du 18 Juin, retraité à Colombey-les-deux-Églises depuis une douzaine d'années. Celui-ci a paru vouloir les soutenir.

N'a-t-il pas lancé au balcon du Gouvernement général (GG) à Alger une affirmation claire : « Je vous ai compris ! » significatif ?

N'a-t-il pas crié à Mostaganem : « Vive l'Algérie française ! » ?

N'a-t-il pas mis sur les rails le « plan de Constantine » destiné à améliorer l'existence matérielle de la

1. Formule rendue célèbre par une allocution du chef de l'État de l'époque, Philippe Pétain, le 12 août 1941.

population musulmane ? Amenant des cadres, au premier rang desquels les militaires, à estimer qu' « il ne dépenserait pas tant d'argent s'il devait tout liquider. »

L'année 1959 paraît tout conforter, sur le plan opérationnel cette fois.

Le plan Challe, du nom du général d'aviation nouveau commandant en chef ayant remplacé le général Salan le 19 décembre 1958, balaie l'Algérie d'ouest en est[2]. La force de frappe, paras, légionnaires, tirailleurs, assène des coups sévères à l'ALN. Les rescapés des katibas deviennent des proies à la portée des troupes de secteur et de leurs commandos de chasse. Les barrages électrifiés interdisent aux bases de l'Est et de l'Ouest en Tunisie et au Maroc d'envoyer des renforts à la rébellion intérieure qui s'effondre de jour en jour. Incontestablement, l'Algérie française vogue pavillon haut.

Cette réalité conduit des djounoud[3] à s'interroger : « Et si la France gagnait ? »

Certes la majorité des enfants d'Algérie aspire à l'indépendance de sa terre natale. Mais tous n'ont pas fait ce choix. Deux cent mille environ se battent aux côtés de l'armée française à des titres divers : tirailleurs engagés ou appelés et surtout ceux désignés sous le vocable générique de harkis. Ils appartiennent à des harkas de

---

2. Ce plan avait été conçu et préparé par son prédécesseur, Salan. Exécuté par Challe, pour l'histoire il porte son nom.

3. Djounoud, combattants de l'ALN. Djoundi au singulier.

secteur, ils sont membres des groupes mobiles de protection rurale, des maghzens de SAS, des groupes d'autodéfense de villages. Avec leurs familles, ils doivent globalement représenter près de un million d'âmes soit de 10 à 15 % de la population totale de l'Algérie (hors Européens). Cette composante ne saurait être négligeable. Elle paiera très cher son engagement. Le bilan du massacre des harkis après l'indépendance de l'Algérie est estimé entre 75 000 et 150 000 victimes.

Dans cet horizon très « Algérie française », en pleine mise en œuvre des plans de Constantine d'abord et Challe ensuite, soudain, *a priori* à contre-courant, le 16 septembre 1959, la voix de Charles de Gaulle s'élève. Voici plus d'un an qu'il tient les rênes et son pouvoir s'est affermi. Il peut tracer sa route vers ce qu'il juge de longue date inéluctable, l'indépendance de l'Algérie[4]. Pour ses auditeurs, son verbe prend une intonation inattendue :

« Grâce au progrès de la pacification, au progrès démocratique, au progrès social, on peut maintenant envisager le jour où les hommes et les femmes qui habitent l'Algérie seront en mesure de décider de leur destin, une fois pour toutes, librement, en connaissance de cause. Compte tenu de toutes les données

4. Avant même son retour en 1958, il a livré le fond de sa pensée à plusieurs personnalités : André Philip, Guy Mollet, Christian Pineau, le prince Moulay Hassan du Maroc… La liste peut s'allonger. Lui-même l'avouera dans ses *Mémoires d'espoir* (p. 42 et 71). Il savait où il entendait aller.

algériennes, nationales et internationales, je désire que le recours à l'autodétermination soit, dès aujourd'hui, proclamé. Au nom de la France et de la République, en vertu du pouvoir que m'attribue la Constitution de consulter les citoyens, pourvu que Dieu me prête vie et que le peuple m'écoute, je m'engage à demander, d'une part, aux Algériens, dans leurs douze départements, ce qu'ils veulent être en définitive et, d'autre part, à tous les Français, d'entériner ce que sera ce choix. »

Un an plus tôt, de Gaulle n'aurait pu s'exprimer ainsi. Ses propos, qui ont un accent nouveau, ne peuvent laisser indifférent, et les réactions divergent, sans déplaire à l'opinion métropolitaine. En Algérie, la guerre dure depuis bientôt cinq ans. C'est long, très long. Les fils de vingt ans partent là-bas pour deux ans. L'armée fait la guerre et la victoire lui sourit. Alors, un discours politique de plus ou de moins... Sur le moment, elle n'y prête guère attention, tout entière à ses combats et à la pacification. Si autodétermination il doit y avoir, elle ne peut que conduire à une option française. L'armée n'est-elle pas là pour la façonner ?

Côté FLN, il est trop tôt pour crier victoire, mais quel bond en avant ! De l'Algérie française, pure et dure, on passe à une ouverture vers une hypothèse différente. Les Musulmans, en Algérie, ont tout de suite compris. L'Algérie française, de Gaulle n'en veut pas, puisqu'il s'abstient de la proclamer. Le doute, désormais, remplace la certitude sur l'avenir de la présence de la France en Algérie.

Les Européens d'Algérie ont la finesse des Latins. Dans son discours du 16 septembre, de Gaulle a évoqué trois hypothèses pour l'avenir de l'Algérie : la francisation – il n'a pas prononcé le terme « intégration » –, la fédération franco-algérienne et la sécession. Cette sécession signifie en termes clairs, l'indépendance. Pour la première fois un chef d'État français l'a évoquée officiellement et s'y est attardé longuement.

Sur le sujet, il s'est engagé :

« Il va de soi que dans cette hypothèse [la sécession], ceux des Algériens, de toutes origines, qui voudraient rester français le resteraient de toute façon et que la France réaliserait, si cela était nécessaire, leur regroupement et leur établissement. D'autre part, toutes les dispositions seraient vraiment prises pour que l'exploitation, l'acheminement, l'embarquement du pétrole saharien, qui sont l'œuvre de la France et intéressent l'Europe, soient assurés quoi qu'il arrive. »

Alors, l'autodétermination pourquoi pas ? Peut-être est-ce enfin une issue possible à ces combats et à ces attentats. N'est-ce pas aussi une solution démocratique que de donner à chacun la possibilité d'opter librement ? D'autant que ces Arabes que l'on croise en grand nombre dans les artères de la capitale et des grandes villes sont « bien différents des gens d'ici.»

Oui, c'est bien de Gaulle qui, dans le cas de la sécession, c'est-à-dire de l'indépendance, s'engage à protéger les Français de toutes origines, donc Musulmans compris, et à sauvegarder le potentiel pétrolier saharien.

La rancœur, la colère, pour ne pas dire la haine, vis-à-vis de celui qui a prononcé ces phrases et les a ensuite oubliées, prennent leur source ici. Le putsch des généraux en avril 1961, la révolte de l'OAS, les attentats contre Charles de Gaulle proviennent en grande partie de ces promesses reniées. La responsabilité de ces tragiques réactions se situe aussi là. « Est récolté ce qui a été semé », dit l'Écriture.

*

Il était inévitable que ce discours du 16 septembre alerte la communauté européenne d'Algérie, les pieds-noirs. Elle se croyait sauvée. La mèche de l'indépendance algérienne avec toutes ses conséquences vient de s'allumer à nouveau. Les activistes de l'« Algérie française » reprennent le collier. L'ont-ils vraiment abandonné ?

À Alger, ville toujours en pointe, ces « activistes » se nomment Ortiz, Lagaillarde, Susini, Perez. Lagaillarde est député tandis que Susini et Perez seront des chefs de la future OAS. Ils ont un contact régulier avec des colonels bien placés : Argoud, brillant polytechnicien, chef d'état-major du corps d'armée d'Alger maintenant commandé par le général Jacques Massu, l'homme phare du 13 mai 1958 ; Jean Gardes, glorieux soldat d'Italie, chef du 5e bureau dédié à l'action psychologique ; Yves Godard, ancien commandant des deux bataillons des Glières de 1944, patron de la Sûreté. Tous ces hommes seront aux avant-postes dans les mois qui vont suivre.

1960 est là. L'Algérie et la métropole entament sans joie leur sixième année de guerre. Massu est toujours commandant du corps d'armée d'Alger. Avec lui, les Algérois se sentent en relative sécurité. Lui le vainqueur de la bataille d'Alger, lui le héros du 13 mai, s'il ne doit y avoir qu'un seul fidèle, ce sera lui.

Quel mauvais diable, dirait M. de La Fontaine, pousse Massu le 19 janvier 1960 à accepter de donner une interview à un journaliste allemand, Lemski, du *Süddeutsch Zeitung* ? Naïveté ? Confiance vis-à-vis d'un éditorialiste para comme lui ?... Il importe peu. Massu s'épanche... Non, il n'est pas content. L'esprit du 13 mai est abandonné. Non, il n'est pas d'accord avec de Gaulle sur sa politique en Algérie.

D'un général français à un étranger, de tels propos sont pour le moins maladroits. Le verdict tombe. Massu est rappelé en France le 22 janvier et relevé de son commandement. Un gaulliste pur, également compagnon de la Libération, le général artilleur Jean Crépin, le remplace.

Alger apprend très vite le départ de l'idole Massu. Les esprits s'échauffent. Les leaders activistes s'agitent et se concertent. En organisant une grande manifestation, ils pensent pouvoir refaire ce 13 mai qui leur a si bien réussi. Grave erreur, car c'est oublier que le décor a complètement changé. De Gaulle est à la barre et les cadres militaires estiment n'avoir qu'une mission, « casser du Fell » pour garder l'Algérie française. Ortiz, le chef de file des « activistes » algérois, sait que des régiments de parachutistes convergent sur Alger pour contrer d'éventuelles manifestations. Que feront-ils ?

« Pas de problème », annonce Argoud devenu pratiquement le numéro un militaire à Alger à la suite du départ de Massu, « les paras vous laisseront passer ». Le colonel Gardes, tout aussi optimiste, approuve.

*

24 janvier 1960. Alger ignore les frimas de l'Europe. Les manifestants peuvent évoluer sans contraintes. Des gelées, de fortes ondées les auraient dispersés. Au lieu de cela, le temps est quasi printanier. Les forces de l'ordre sont nombreuses. Challe ne voulant pas être pris au dépourvu a tout prévu et organisé. CRS, gardes mobiles sont massés aux abords du GG. Trois régiments paras ont été retirés de l'opération Jumelles en Grande Kabylie et se tiennent en réserve. Challe est furieux d'avoir été obligé de les sortir de leurs djebels. Il n'est pas le seul.

10 heures. La manifestation débute sans incidents. L'ambiance se veut bon enfant. Vers midi tout le plateau des Glières, le cœur d'Alger, est investi. En revanche, impossible d'aborder le Gouvernement général trop bien défendu. Faute de mieux, des barricades

se dressent, des chaussées se dépavent. Le quartier des facultés s'organise en réduit. La foule hurle des slogans, ce qui réjouit Challe : « Criez tant que vous voudrez, cela vous défoulera ! »

À 16 h 50, sur instruction du général Crépin, commandant le corps d'armée d'Alger, avec le feu vert de Challe, ordre est donné à la gendarmerie de dégager les lieux investis par les manifestants. Crépin, gaulliste de 1940, vilipende les débordements.

Pourquoi cet ordre ? La foule manifeste sans être dangereuse. Le GG n'est pas menacé. La fraîcheur nocturne, proche, peut tout apaiser et renvoyer chacun chez soi. Les responsables de cet ordre d'évacuation prennent là une initiative malheureuse.

18 h 10. La nuit est tombée. Déboulant de l'esplanade du Forum et de la rue Berthezène, les gardes mobiles, sans sommation, chargent. Hommes, femmes, enfants refluent en pleurant à cause des gaz lacrymogènes. Soudain une fusillade éclate. Un ou deux FM ouvrent le feu depuis un balcon du bâtiment PC d'Ortiz. Des gardes s'affaissent. Leurs camarades ripostent. En quelques minutes, les rampes du boulevard Laferrière et le plateau des Glières sont jonchés de victimes.

Brutalement quelques assassins imbéciles viennent de créer un fossé de sang entre les « Rouges[5] » et les Européens[6]. Les premiers voudront désormais venger

5. À cause du liseré rouge de leurs képis.

6. 6 civils et 14 gardes mobiles tués. 22 civils et 125 gardes mobiles blessés. Les carrés des gardes avançant en un front uni représentaient évidemment une cible

leurs camarades et deviendront les adversaires irréductibles des pieds-noirs. Puissamment armés avec leurs engins blindés, quinze mille « rouges » auront raison de combattants OAS courageux mais peu nombreux et dotés de moyens limités. Ils étaient six cents environ à Oran, quatre cents à Alger. Devant cette partie inégale, le FLN ne pouvait que se féliciter de ce soutien imprévu.

Qui a tiré ? L'*omerta* interdira de révéler les noms des quelques assassins, peu nombreux, ayant ouvert le feu les premiers. L'arrivée des paras calme les esprits. On ne tire pas sur les paras auxquels on doit tant.

Les manifestants les plus résolus se retranchent dans ce qui sera le « réduit des facultés » au cœur d'Alger. Ils tiendront une semaine encerclés par l'armée. On parlera de la semaine des Barricades. Finalement, le 1er février, les insurgés doivent accepter de se soumettre. De Gaulle n'a rien lâché. Ortiz s'éclipse. « *Fugit non bene* », aurait dit Horace. Lagaillarde, Susini, Perez, iront coucher à la Santé dans l'attente de leur procès. L'honnête colonel Gardes, pour trop de complaisance active, se retrouvera sur le banc des accusés.

Le bilan du 24 janvier et de cette semaine des Barricades s'avère catastrophique sur tous les plans. Du sang français a coulé inutilement. Des meneurs « Algérie française » sont emprisonnés. Les unités ter-

---

parfaite pour les tireurs embusqués. Les civils, en revanche, devant les charges s'étaient éparpillés. Le tir des gardes mobiles en déplacement ne pouvait être aussi bien ajusté que celui de tireurs embossés.

ritoriales, qui, avec les anciens d'Italie, de la campagne de France, ont fourni le gros de l'opposition, sont dissoutes et perdent leur armement. Les Européens se retrouvent brusquement les mains nues. Le FLN et le pouvoir gaulliste en sont les grands bénéficiaires de ces jours tragiques. Que se serait-il passé le 22 avril 1961 si les civils s'étaient dressés en renfort le PM ou le fusil à la main ? Le résultat final à plus ou moins long terme n'aurait en rien été changé, mais la révolte aurait pris une autre dimension. Elle se serait prolongée et la résistance des tenants de l'Algérie française aurait pu s'intensifier avec toutes ses conséquences. (L'OAS de 1961-1962 a manqué d'armes.)

Dans cette perspective du putsch d'avril 1961, la journée du 24 janvier 1960 et la semaine suivante ont lourdement influencé le général Challe. Le commandant en chef de 1960 désavoue et condamne tous ces civils algérois dont il juge le geste fratricide. Son refus de pactiser avec eux, sa volonté formelle de les tenir à l'écart, le 22 avril 1961, découlent de la tuerie déclenchée par une poignée de fous le 24 janvier 1960 un peu après 18 heures.

Du reste, Challe a sur l'Algérie française des vues fort éloignées de celles des activistes algérois : « Si on réussit, on leur imposera nos idées et nos réformes. » Lesquelles ? Il n'a guère eu le loisir de préciser sa pensée. Les généraux du futur « quarteron » n'avaient-ils pas la réputation d'être de gauche ? Seul Zeller passait pour plus conservateur.

*

Le locataire de l'Élysée est loin d'apprécier ce qui s'est déroulé à Alger qui met en cause son autorité et ses décisions. Le 6 février, il prévient Challe que son séjour algérien va s'achever. C'est un enterrement de première classe :

« Mon cher Challe,

« Étant donné ce que furent les choses au cours de l'affaire d'Alger et, d'autre part, mon intention et celle du gouvernement de vous destiner au poste de chef d'État-major de la Défense, lors du départ du général Ély, attendez-vous à ce qu'il soit mis un terme à votre actuelle mission.

« Votre future affectation sera publiée en même temps. Vous pourrez alors prendre un congé dont je pense qu'il sera certainement bien mérité !

« Soyez assuré, mon cher Challe, de ma sincère amitié. »

Les colonels en place à Alger qui paraissent avoir montré des indulgences pour les révoltés sont mutés en métropole : Argoud à Montpellier puis à Metz, Broizat à Châlons-en-Champagne, Godard à Nevers, Lacheroy à Paris. Les éloigner du brûlot algérois ne leur coupera pas les ailes. Au contraire. Ils s'éloignent bien décidés à agir. L'un d'entre eux, le colonel Charles Lacheroy, qui s'occupait de l'action psychologique, se retrouve chargé de cours à l'ESORSEM, l'École supérieure des officiers de réserve spécialistes d'état-major, installée à l'École de guerre près des Invalides. Sa position centrale fera de son bureau le point de concertation et de réunion pour préparer le 22 avril.

*

L'intermède des Barricades, essentiellement algérois, est officiellement terminé. La page paraît tournée. Au fil des jours les centurions du plan Challe s'interrogent. S'ils réprouvent l'insurrection du 24 janvier, ils s'inquiètent :

« Et si les civils avaient raison ? De Gaulle ne va-t-il pas tout larguer ? »

De Gaulle, bien informé et fin psychologue, perçoit ce malaise. Du 3 au 5 mars, il est à nouveau en Algérie pour une nouvelle tournée des popotes. Il se veut réconfortant. Il brocarde certes l'Algérie de papa – sur ce point il se sait suivi – et il emploie des formules qui trouvent un écho :

« Il n'y aura pas de Diên Biên Phu diplomatique. L'insurrection ne nous mettra pas à la porte de ce pays. Ce que Ferhat Abbas appelle l'indépendance, c'est la misère, la clochardisation, la catastrophe… La France ne doit pas partir… Elle a le droit d'être en Algérie… »

Suivant les sensibilités, ces propos prennent des sens divergents. Leur flou permet toutes les interprétations.

Certains y voient une marche arrière vers l'Algérie française, d'autres un pas en avant vers l'Algérie algérienne. Un seul point ne permet pas de contestation : le Général demande à ses soldats de se battre et de l'emporter.

Toutefois, en fin de parcours, à Redjas, au cœur de l'opération Pierres précieuses, en Petite Kabylie, les capitaines de la 25e DP entendent un engagement qui les rassure :

« Moi vivant, le drapeau vert et blanc ne flottera jamais sur Alger ! »

Réconfortés, les capitaines et les lieutenants repartent se faire tuer, car les rescapés de l'ALN vendent chèrement leur peau. Dans les lentisques et les bruyères, on s'affronte souvent à un pour un à bout portant[7].

*

De Gaulle rentré d'Alger, la guerre dans les djebels se poursuit pour liquider les derniers carrés de l'ALN.

Le 23 avril, Challe s'éloigne. Il avait prévu de s'en prendre à l'ultime bastion des Fells, les Aurès-Nemencha. Son départ annule ce dernier grand coup de balai, reporté à l'automne par son successeur, en

---

7. Ainsi, par exemple, la 2e compagnie du 2e REP, travaillant dans le secteur de Djidjelli (Wilaya II, Petite Kabylie), aligne en moyenne 70 à 80 légionnaires. Ses quatre sections oscillent de 15 à 17 combattants plus un groupe de commandement réduit au radio et à l'infirmier. En février 1960, elle a 9 tués et 17 blessés (dont 2 officiers) dans une série d'accrochages menés toujours au plus près.

l'occurrence le général Jean Crépin, ancien patron du corps d'armée d'Alger. Ce polytechnicien, Français libre dès août 1940 au Cameroun, est connu pour sa fidélité gaulliste. Challe, contrairement à ce que lui avait annoncé de Gaulle, se retrouve non pas patron de toute l'armée française, mais en fonction à Fontainebleau. Le poste de commandant en chef des forces alliées de Centre-Europe est plus honorable qu'effectif. Il est bien connu que les Américains tirent les ficelles de l'OTAN.

Challe a laissé derrière lui une situation militaire bien améliorée pour ne pas écrire satisfaisante. Le bilan officiel de 1959 annonce 26 000 rebelles tués, 10 800 faits prisonniers, 20 800 armes récupérées. La lassitude dans les rangs de l'ALN se comprend et va conduire à ce qui sera l'« affaire Si Salah ».

Le commandant Mohamed Zamoum, pseudonyme de guerre Si Salah, patron de la Wilaya IV (Algérois), a pleinement conscience de l'affaiblissement généralisé de l'ALN. Ses djounoud tombent sans pouvoir être remplacés. Les rescapés du plan Challe et de la traque des troupes de secteur et des commandos de chasse errent, isolés, sans grands espoirs de survie. Raisonnant tant sur le plan militaire que strictement humain, Si Salah estime qu'il est plus que raisonnable de répondre à l'appel du général de Gaulle sur la « paix des Braves ».

Paix des Braves : Le 23 octobre 1958, de Gaulle s'était adressé à la rébellion algérienne : « [...] Cependant, je dis sans ambages que, pour la plupart d'entre eux, les hommes de l'insurrection ont combattu courageusement. Que vienne la paix des Braves, et je suis sûr que les haines iront en s'effaçant. J'ai parlé de la paix des Braves. Qu'est-ce à dire ? Là où ils se sont organisés pour la lutte, il ne tient qu'à leurs chefs de prendre contact avec le commandement. Et je réponds que dans ce cas, les combattants seraient reçus et traités honorablement. »

Il n'est pas seul à raisonner ainsi et trouve vite des accords avec ses compagnons de lutte. La Wilaya V (Oranie) est exsangue. La Wilaya VI (Sahara) n'existe plus. La Wilaya III (Grande Kabylie) reste un gros morceau mais elle a aussi beaucoup souffert lors de l'opération Jumelles du plan Challe. Son chef, le colonel Mohand Ould el Hadj, partage les vues de Si Salah, un Kabyle comme lui.

Si Salah et les deux tiers de l'Algérie révoltée tiennent un raisonnement identique et l'approuvent. Fort de ces soutiens, le chef de la Wilaya IV peut faire prendre des contacts avec les Français. Les plus avancés passent par le cadi de Médéa, un certain Abdelkader Mazighi. Paris informé envoie deux émissaires. Le colonel Mathon pour Matignon et Bernard Tricot, un haut fonctionnaire, pour l'Élysée. Le dossier a suscité l'intérêt au plus haut niveau. Finalement, il est décidé que Si Salah et deux de ses compagnons se rendront à Paris pour débattre.

Le 9 juin 1960, un bimoteur SO Bretagne fait prendre leur baptême de l'air aux trois Algériens partant en émissaires : Si Salah et ses deux adjoints, les commandants Si Mohammed et Lakhdar. Hébergés pour la nuit dans un site discret près de Rambouillet, les trois hommes s'attendent à rencontrer un général ou un ministre. Quelle n'est pas leur surprise, le 10 juin au matin, d'être introduits à l'Élysée dans le bureau du chef de l'État. L'échange n'apporte pas grand-chose hormis une certaine respectabilité aux interlocuteurs de Charles de Gaulle. Ce dernier leur a déclaré espérer les revoir et annonce qu'il va lancer un appel à la rébellion extérieure. Le 14 juin, effectivement, il s'adresse à nouveau à celle-ci pour lui préciser qu'il attend de recevoir des délégués.

Par le cabinet du garde des Sceaux, Edmond Michelet, qui a le contact régulier avec les chefs de la rébellion à Tunis, ceux-ci apprennent la rencontre du 10 juin. Pas question d'être pris de vitesse. Ils répondent aussitôt présent à la proposition gaullienne de négociations. Le 20 juin deux membres de l'équipe algérienne de Tunis débarquent à Orly. La rencontre à la préfecture de Melun avec les Français ne donne rien, mais du moins les gens de Tunis ont été reconnus. Ce n'est qu'un début.

Si Salah, Si Mohammed, Lakhdar sont rentrés chez eux sans rien de très consistant à présenter à leurs troupes.

La direction extérieure du FLN réalise que le groupe de Tunis pourrait être doublé par d'autres partenaires comme Si Salah et ses camarades, représentant le FLN de l'intérieur. Elle s'empresse de déléguer sur place un homme sûr.

Le lieutenant déserteur de l'armée française Ahmed Bencherif, trente-trois ans, est loin d'être un tendre. Le 20 juillet 1957, dans son poste près d'Aumale (Sour El-Ghozlane), avant de déserter, il a massacré les Européens et les Maghrébins qui refusaient de le suivre.

Envoyé en justicier en Algérie, Ahmed Bencherif agit et frappe. Si Mohammed remplace Si Salah destitué, tandis que Lakhdar et ses propres amis sont éliminés. La tentative de paix des Braves menée par Si Salah n'aura pas de suite hormis une purge massive dans la Wilaya IV dont les tenants de la paix seront les premières victimes[8].

Challe, maintenant en service à Fontainebleau, a été tenu au courant de l'action de Si Salah. Le colonel Jacquin, patron du BEL[9] et partie active dans les

8. Bencherif, finalement arrêté par les Français, finira la guerre en prison et, à l'indépendance, deviendra patron de la gendarmerie algérienne. Sur ce dossier, voir, du même auteur, *l'Affaire Si Salah*, Pygmalion, 1989.

9. Le BEL, Bureau d'études et de liaisons, est un organisme créé par Challe à fins de renseignements et d'opérations spéciales.

contacts avec les officiers algériens, lui a rapporté leurs intentions. Il a donc appris que la paix des Braves avait reçu un accueil attentif. Il a pu de même constater que le chef de l'État n'avait pas paru donner suite à ses vieilles déclarations à leur sujet. De cette affaire Si Salah, Maurice Challe ne manquera pas de tirer des conclusions. Des conclusions qui l'inciteront à relancer ce dossier délaissé par l'Élysée.

*

L'affaire Si Salah n'est connue que dans un cercle très étroit au sommet de l'État. En Algérie, la guerre se poursuit avec moins d'intensité, vu les coups portés à l'ALN par le plan Challe.

À l'automne s'enclencheront les opérations prévues contre l'ultime bastion des Aurès-Nemencha.

De Gaulle, qui veut en finir, reprend l'initiative. Le 5 septembre, il précise sa pensée : « L'Algérie algérienne est en marche… » Une déclaration qui ne peut que heurter Raoul Salan. Le 9 juin 1960, « le Mandarin », soixante et un ans, au terme de quarante-deux années de service, a fait ses adieux aux armes dans la cour des Invalides. Retraité déclarant s'installer à Alger, il peut librement s'exprimer :

« Nul n'a le droit de décider l'abandon d'un territoire où s'exerce la souveraineté de la France, particulièrement en ce qui concerne l'Algérie… »

La réaction élyséenne tombe. Salan se voit interdit de couler sa retraite à Alger où il a pourtant acheté une maison à Hydra sur les hauts de la ville. Le divorce de Gaulle-Salan est consommé. Du coup, l'ancien commandant en chef juge prudent de mettre une frontière entre lui et le régime. Le 31 octobre, il franchit les Pyrénées et s'exile à Madrid avec son aide de camp le capitaine Jean Ferrandi, lequel sera bientôt condamné pour désertion. Début novembre, il y retrouve des anciens des Barricades, Lagaillarde, Ronda, Susini[10], qui ont profité de leurs remises en liberté pour gagner l'Espagne et se sentir à l'abri pour préparer d'autres lendemains.

Le 11 novembre, Salan fera envoyer à la presse un communiqué qui ressemble à une véritable déclaration de guerre à de Gaulle :

« Je dis non à cette Algérie algérienne qui n'est pas plus déterminée qu'elle ne sera finalement unie à la France… Il n'est pas possible de ne pas comprendre quelles sont les intentions réelles du président de la République… Le temps des faux-fuyants est révolu. Aux postes de responsabilité, chacun doit dire maintenant s'il est pour l'Algérie française ou pour l'Algérie algérienne… La suite n'est que trop évidente. Cet État algérien sans passé, sans structures, sans esprit national, créé dans la confusion des esprits et la menace

10. Lagaillarde, Susini, trop jeunes, n'ont pu participer aux opérations de 1944-1945. Marcel Ronda, plus âgé, y était jeune officier. Contrairement à certaines allégations, le fidèle compagnon de Salan ne fut jamais général, n'ayant pas dépassé le grade de capitaine de réserve.

de l'égorgement, deviendra une République populaire algérienne suivant le modèle unique fabriqué à Moscou... »

Il sera possible d'adresser plus tard des reproches à Raoul Salan, mais on ne pourra pas dire qu'il n'aura pas, lui, toujours parlé clairement.

*

Le 4 novembre, de Gaulle s'exprime à nouveau. Cette fois avec beaucoup plus de netteté. Désormais, le voile est levé sur ses intentions et l'avenir de l'Algérie. Sans ambiguïté, il évoque « la République algérienne, laquelle existera un jour, mais n'a encore jamais existé ». Il précise :

« Aussi, sans renoncer à l'espérance qu'un jour le bon sens finira par l'emporter et que des négociations générales s'ouvriront à partir de la fin des combats et des attentats, nous allons, avec les Algériens d'Algérie, poursuivre la marche en avant vers l'Algérie algérienne, en attendant que l'Algérie elle-même puisse, par ses suffrages, faire, si elle le veut, que le fait devienne le droit... »

Les têtes changent pour appliquer correctement une telle politique. À Alger, Delouvrier, dépassé par les événements, sollicite sa relève. Le 23 novembre, il est remplacé par Jean Morin, un ancien résistant, gaulliste inconditionnel. Pour les Algérois, il sera le « *Gauleiter* »

Morin. Les Français qui ont vécu l'Occupation savent ce que signifie ce terme et les pieds-noirs, par écho, ont eu tôt fait de l'adopter. À Paris, Louis Joxe, ancien de la France combattante, comme ministre d'État, est chargé des Affaires algériennes. Dans quelques semaines, avec Fernand Gambiez, le militaire, de Gaulle complétera son brelan de l'obéissance.

*

Le 9 décembre, de Gaulle s'envole pour un nouveau voyage au Maghreb. Comme le plan Challe il compte balayer le pays d'ouest en est. Mais l'Algérie européenne gronde et des clameurs hostiles accueillent le visiteur.

Fait nouveau et imprévu, des Algériens descendent aussi dans la rue. À Aïn-Témouchent, à Orléansville (Chlef), à Bougie (Béjaïa), ils sont là. À Alger, aux cris de « Yahia de Gaulle » se joignent : « Yahia Algérie ! » et : « Vive le FLN ! » Le FLN décimé dans le djebel a reporté son action essentielle dans les villes. Ce cocktail, Européens, FLN, service d'ordre, est explosif. Le sillage de De Gaulle pendant son voyage en Algérie est une traînée de sang : 18 Musulmans et 6 Européens tués à Oran ; 6 Européens, 3 Musulmans à Bône ; 96 Musulmans, 15 Israélites, 13 Européens à Alger[11].

11. Tel est le bilan officiel. Il est sans doute largement supérieur. À Alger, les appelés du 18e RCP, accueillis à coups de fusil, ont résolument riposté, et les manifestants ont emporté une bonne partie de leurs morts.

De Gaulle a prévu d'achever son périple par l'Est-Constantinois. Le 12 décembre, il est à Bougie. Le lendemain il doit se rendre à Philippeville (Skikda), la ville des événements du 20 août 1955.

Philippeville, cité de création française en 1839 pour être le port de Constantine, est plus européenne que musulmane. Le colonel Romain-Desfossés, dit Romain des pitons, y commande le secteur. Ce baroudeur a la réputation d'un solide crapahuteur, d'où son surnom. Il fut de la retraite de Chine en 1945. Il a commandé avec éclat le 5e BCCP en Indochine puis le 6e RPC en Algérie et demeure un partisan absolu de l'Algérie française. Un homme fait obstacle et ne cache pas qu'il va vers l'Algérie algérienne. Il est à éliminer. Romain des pitons met sur pied un scénario à cet effet.

Un commando civil mitraillera de Gaulle à courte distance sur le chemin de l'aéroport – dans les grands virages près de l'usine à pipes – et plus sûrement dans l'artère principale, la rue Clemenceau, étroite et bordée de hauts immeubles occupés uniquement par des Européens. Ces demeures possèdent des sorties arrière faciles vers la ville haute pour les échappatoires. Seules deux compagnies du 2e REP doivent assurer la protection du chef de l'État. Leurs capitaines[12], qui ne sont pas dans le coup, sont notoirement « Algérie fran-

12. L'auteur de ces lignes est l'un de ces deux capitaines. L'autre capitaine, époux d'une pied-noire, après quelques ennuis au lendemain du 22 avril 1961, terminera général.

çaise ». Ils déclarent ouvertement, lors d'obsèques de leurs légionnaires tués au combat, qu'ils sont tombés pour elle. Les organisateurs, connaissant leurs sentiments, ont pu penser qu'ils ne feraient pas de zèle pour intercepter les responsables de l'attentat.

Ce commando civil compte des Juifs et certains d'entre eux informent des coreligionnaires de ce qui se trame. Ces derniers préviennent les services secrets israéliens qui croient s'attirer la sympathie gaullienne en révélant le complot. Dans l'espoir d'être payés de retour. Ils le seront en monnaie de singe. De Gaulle annule son étape philippevilloise et regagne directement Paris[13].

Si de Gaulle avait été éliminé, l'avenir de l'Algérie serait resté identique à long terme, mais peut-être aurait-il été moins terrible pour les Européens. *A priori*, il est possible d'estimer qu'ils auraient été mieux défendus. De Gaulle n'avait-il pas une vieille rancune contre ceux-là qui ne s'étaient guère montrés gaullistes à une certaine époque ? Rien n'est formel. L'islam qui avait interdit le brassage ethnique lorsque la France régentait l'Algérie aurait certainement empêché la cohabitation entre les deux peuplements, sans parler de leurs différences sociales.

*

13. Les raisons de ce retour précipité resteront inconnues du grand public et des historiens. Le général Jouhaud les mentionne dans son ouvrage *Ce que je n'ai pas dit* (Fayard, 1977).

Le projet d'action à Philippeville contre de Gaulle a avorté. Il en a été de même d'un autre, envisagé à Alger avant celui de Philippeville. Dans la perspective d'assurer la sécurité du chef de l'État lors de sa visite à Alger, deux régiments paras, le 18e RCP du colonel Masselot et le 14e RCP du colonel Lecomte, ont été envoyés sur place.

Masselot est un pied-noir profondément attaché à sa terre natale. Lecomte, bien que métropolitain, veut conserver l'Algérie à la France. Leur présence autorise le général Jouhaud, l'enfant de Bou-Sfer, en Oranie, qui, le 15 octobre a pris volontairement une retraite anticipée, à tenter quelque chose. L'ancien chef d'état-major de l'aviation, a trouvé un poste civil à la Cellunaf à Baba Ali, dans la grande banlieue d'Alger. Cette couverture lui permet d'aller librement. Tout compte fait, devant la faiblesse des moyens engagés, l'idée a dû être abandonnée. Cet écho avait créé un certain bouillonnement, en particulier chez des officiers du 1er REP.

Chapitre II

Les courtiers du « clash »

L'année 1961 s'ouvre sur la perspective très proche du référendum fixé, en Algérie, du 6 au 8 janvier. Pour avancer dans sa politique algérienne et pouvoir proclamer « être soutenu par les Français », de Gaulle a décidé de leur poser la question suivante :

« Approuvez-vous le projet de loi soumis au peuple français par le président de la République et concernant l'autodétermination des populations algériennes et l'organisation des pouvoirs publics en Algérie avant l'autodétermination ? »

Les partisans du « non » donnent de la voix, le « oui » est quasi acquis.

La métropole veut en finir avec l'affaire algérienne, elle approuvera avec un fort pourcentage. Les scrutins futurs le confirmeront. Celui du 8 avril 1962 pour les accords relatifs à l'indépendance de l'Algérie donnera 90,7 % de « oui ».

Au 1er REP, à la même heure, les esprits s'échauffent. Il faut dire que ce régiment, basé à Zéralda, où il a édifié un camp modèle très « Légion », le camp Jeanpierre, est largement engagé dans le conflit pour la défense de l'Algérie française. Après l'opération de Suez, il est rentré écœuré d'Égypte à l'automne 1956, un coup d'épée dans l'eau. En 1957, il a dû livrer l'ingrate bataille d'Alger pour éradiquer le terrorisme urbain du FLN. En 1958, il s'est illustré une fois de plus à Guelma dans la bataille des frontières. Son bilan exceptionnel s'y est payé au prix fort : cent onze morts dont son chef de corps, le colonel Jeanpierre. Durant le plan Challe, il est resté égal à lui-même, intervenant, bien malgré lui, dans l'affaire des Barricades. Un nouveau chef de corps, le colonel Dufour, très engagé « Algérie française », en décembre 1960, prend le maquis avec le drapeau du régiment en signe de protestation devant l'évolution de la politique française. Son équipée n'ira pas très loin et l'intéressé sera muté en métropole. Mais elle témoigne de l'exaltation des esprits. Le colonel Guiraud, ancien patron du 1er BEP à Diên Biên Phu, le remplace. Le soldat est estimé mais, malheureusement, le chef manque de rayonnement. Pour l'épauler, début 1961, lui est donné comme adjoint un ancien des paras Légion d'Indochine et Algérie, le commandant Hélie Denoix de Saint Marc. Sa personnalité est appréciée mais encore peu connue.

Le 10 novembre 1960, le régiment, dans l'Aurès, a éprouvé des pertes sévères. Sa 1re compagnie, commandée ce jour-là par le lieutenant Godot, a eu onze tués et une dizaine de blessés. Le 15 novembre, au cimetière de Zéralda, le père Delarue, aumônier du 1er REP et du 2e RPIMa, devant les cercueils, a déclaré :

« Vous étiez venus de tous ces pays d'Europe où l'on aime encore la liberté, pour donner la liberté à ce pays… La mort vous a frappés en pleine poitrine, en pleine face, comme des hommes, au moment où vous vous réjouissiez d'avoir enfin découvert un ennemi insaisissable jusque-là… »

Et le père Delarue de poursuivre :

« Vous êtes tombés au moment où, s'il faut en croire les discours, nous ne savons plus pourquoi nous mourons… »

« Nous ne savons plus pourquoi nous mourons. » Terrible et pourtant lucide constat.

Au moment où les électeurs vont aux urnes une fois de plus, les centurions du 1er REP raisonnent comme le père Delarue et certains d'entre eux le manifestent ouvertement. Ils sortent du traditionnel silence militaire. Lançant le bouchon fort loin, des capitaines, des lieutenants font la grève. Ils refusent de partir en opérations et de faire tuer des légionnaires pour rien. L'affaire est grave pour ne pas écrire rarissime. Depuis le 18 brumaire an VIII (9 novembre 1799) et le 2 décembre 1851, il n'est plus dans les us que les centurions français renversent les marmites. La réplique gouvernementale tombe. Les frondeurs sont mutés en métropole hors TAP. Cette sanction est lourde, car, pour un para, se retrouver dans la vieille biffe est une claque. Rejoignent donc des garnisons de l'Hexagone les capitaines Sergent, Simonot, Ponsolle, La Forest Divonne, les lieutenants Godot, de La Bigne, Labriffe. Ils partent le cœur lourd, bien décidés à ne rien oublier. Leur chef de file, le plus ancien, Pierre Sergent, maquisard de 1944 et cyrard (promotion « Rhin et Danube », 1947-1949), entretiendra la flamme et assurera les contacts. Sa mutation, à Chartres, outre son ardeur personnelle, lui permet non loin de Paris de tenir un rôle majeur parmi les courtiers du futur « clash ».

Les purs et durs du 1er REP ont dû être remplacés. Les nouveaux titulaires certes sont « Algérie française », comme l'immense majorité du corps des officiers, mais ils sont plus tendres, car plus sceptiques sur l'issue finale. Pour les entraîner il faudra un homme nouveau, ce sera Saint Marc.

Fronde ou pas, les élections de janvier ont eu lieu. Le résultat n'est sans doute pas celui que de Gaulle escomptait. Le « oui » l'emporte largement, mais il est loin d'être franc et massif : 75 %, avec 26 % d'abstention. En Algérie, le résultat est beaucoup moins significatif. La participation électorale ne s'élève qu'à 55 % même si 70 % des votants se sont prononcés pour l'affirmative. L'armée avait reçu ordre de faire voter « oui ». Directive pas toujours exécutée sur le terrain. Le corps électoral algérien n'a donc entériné les projets du chef de l'État qu'à un peu plus du tiers. C'est une victoire à double tranchant pour ses adversaires. Le FLN, qui a préconisé l'abstention, a été en partie suivi, et en tire profit. Les tenants de l'Algérie française ont montré leur poids. Les grandes villes, Alger, Oran, ont été des bastions du « non » en raison de l'importance de la population européenne l'explique.

Ce fiasco relatif explique-t-il la relève du général Crépin ?

Il part commander en chef en Allemagne. La porte de sortie est plus qu'honorable. Fernand Gambiez, précédemment inspecteur de l'infanterie, lui succède. Ce petit général, affublé du sobriquet de Nimbus, a cinquante-sept ans. Plus habile qu'intelligent, doué de bonnes qualités de synthèse, il a su tisser sa toile avec obstination. Il s'est jadis, à la tête du bataillon de choc, glorieusement dédouané de son pétainisme d'un temps. Mais qui ne l'a pas été à l'exception d'une petite phalange gaulliste ? *Quarante millions de pétainistes*, écrivait l'historien Henri Amouroux. On a vu Gambiez en Indochine et en Tunisie. C'est là que le bât le blesse, surtout dans l'esprit des jeunes officiers, pour lesquels il devient comme la cape rouge devant le taureau. Le général qui a amené le drapeau à Saigon, qui a subi des vexations à Tunis, arrive, à tort ou à raison, avec une solide étiquette de bradeur. Comme on le sait zélé et ambitieux, on se doute de la politique qu'il vient mettre en œuvre. Gambiez à Alger, les desseins de De Gaulle s'éclairent davantage. Il n'en faut pas plus pour faire monter encore la tension dans les rangs d'une partie de l'armée française.

*

Un général arrive, un lieutenant s'en va, du moins officiellement. Ce lieutenant, servant à titre étranger, ne peut être expédié dans la « Régulière ». Roger Degueldre est donc muté au 4e REI qui crapahute dans le Sud-Constantinois de Tébessa à Negrine.

Né le 19 mai 1925 à Louvroil, dans le Nord, il a trente-cinq ans au début de 1961. Il « fêtera » ses trente-sept ans, à la Santé, au quartier haut pensionnaire de la 9/37, dix-huit mois plus tard.

À la fin de 1940, il est passé en Espagne pour rejoindre la France libre. Les Espagnols, d'abord trompés par sa carrure, l'arrêtent et finissent par le renvoyer en France devant son jeune âge. Ce garçon n'a pas dit pour autant son dernier mot. Les combats de la Libération le voient un fusil à la main dans un maquis FTP avant qu'il ne décide en 1945 de « piquer une tête » à la Légion. Carrure d'athlète, masque sévère, l'homme déjà en impose. Sous la grenade à sept flammes il va gagner tous ses galons durant un peu plus de quinze ans, se montrant constamment un soldat courageux et un chef aussi énergique qu'intelligent.

En Indochine, le légionnaire puis sous-officier Degueldre gagne sept citations dont une à l'ordre de l'armée. Le 21 janvier 1950, maréchal des logis chef au 1er REC, aux environs de Tra Vinh, dans le delta du Mékong, il ramène sous le feu son capitaine, Hervé de Blignières, grièvement blessé. Un tel geste crée entre l'officier très vieille France et le soldat de souche populaire un lien indissoluble.

Ayant rejoint les paras Légion, Degueldre rentre d'Indochine avec le 1er BEP qui deviendra le 1er REP en septembre 1955. L'année 1957 lui apporte son épaulette d'officier. Les combats livrés avec le 1er REP lui valent deux nouvelles citations à l'ordre de l'armée et la croix de chevalier de la Légion d'honneur qui s'ajoute à sa médaille militaire gagnée en Extrême-Orient.

Évidemment il a partagé les sentiments de ses camarades mutés en métropole. Pourquoi ? Il ne s'est jamais vraiment épanché sur sa volonté de garder l'Algérie française. Pour que son chef, le colonel Jeanpierre, et nombre de ses camarades ne soient pas tombés pour rien ? Par refus d'abandonner une terre devenue en partie une France reconstituée ? Pour pouvoir exprimer, en des circonstances exceptionnelles, la force qu'il sent en lui physiquement, moralement ? Désir de sortir du cadre limité d'une section de Légion ? Peut-être. Il est conscient que l'aventure dans laquelle il s'engage finira mal... Ainsi se font les destins qui laissent un nom. Il sera à jamais le défenseur jusqu'au bout, mythique et implacable, de l'Algérie française.

Muté, fin janvier, au 4e REI qu'il ne rejoint pas, il choisit de s'enfoncer dans la clandestinité algéroise où il a déjà ses entrées. Pleinement intégré au monde civil – pour lequel il n'a qu'une très relative estime –, il ne tarde pas à officialiser sa nouvelle situation. Plus d'un cadre reçoit une lettre de sa part où il dit en substance :

« Mon cher camarade,

« Je viens de rejoindre la clandestinité. Les formes traditionnelles de notre combat ne me paraissent plus adaptées à l'action à mener pour sauvegarder l'Algérie française. Tenez-vous prêt à agir de même. La légalité est dépassée. »

Rédigeant ces lignes, il ne se doute pas que l'avenir le destine à devenir bientôt, à partir de fin avril, le véritable chef de l'OAS à Alger.

Clandestin fin janvier dans la masse européenne algéroise, il prend des longueurs d'avance sur l'avenir. Les officiers supérieurs, les vaincus du 22 avril, se retrouveront pris de court dans un univers abandonné un an plutôt. Tout leur posera des problèmes, jusqu'à se loger et se nourrir. Tel ne sera pas le cas de Roger Degueldre. Bien en place, il aura ses « planques », ses liaisons, ses équipes. Le petit lieutenant sera pour les cinq galons d'un grand secours. C'est lui qui les remettra à flot dans la capitale algéroise pour dynamiser l'OAS naissante. (À la différence d'Oran où des personnalités locales tiendront le rôle essentiel au départ.) En outre, par la force qu'il représente, il pourra selon sa propre expression jouer d'égal à égal avec les meneurs civils de l'OAS, Jean-Jacques Susini et Jean-Claude Perez qui ont l'avantage d'être chez eux à Alger[1]. Le colonel Godard établissant l'organigramme de l'OAS ne s'y trompera pas. À la tête de l'ORO (Organisme de renseignements et d'opérations), il placera le civil Perez avec Degueldre pour adjoint. Lequel Degueldre s'affirmera le véritable patron, Perez ne sortant guère de son trou. Pour preuve, Degueldre, indicatif Delta de la première lettre de son nom, est le créateur et le chef des commandos Delta, bras séculier de l'OAS à Alger où les actions les plus spectaculaires seront signées Delta, c'est-à-dire Roger Degueldre. Le pouvoir gaulliste en sera conscient. Degueldre, soldat révolutionnaire dans un environnement qui malgré les apparences ne l'était pas, sera le seul fusillé de haut rang de l'OAS Algérie. De Gaulle souhaitait que Salan et Jouhaud partagent son sort. Les juges et Georges Pompidou en ont décidé autrement.

*

Février 1961. Dans les djebels, les troupes d'intervention traquent les Fells rescapés du plan Challe. Les élé-

1. Avant les Barricades, Jean-Jacques Susini, né en 1933, était président des étudiants d'Alger ; Jean-Claude Perez, né en 1928, toubib à Bab el Oued, faubourg ouest d'Alger.

ments les plus solides de la rébellion, bien qu'affaiblis, rôdent dans les Aurès-Nemencha. Ils ont l'avantage de bien connaître un terrain montagneux et escarpé où les moyens de communication sont rares. Les Français ont, en contrepartie, leurs « ventilateurs », les hélicoptères. Un DIH équipé de six hélicoptères, pose une demi-compagnie en quelques minutes sur une ligne de crête. Dès qu'un groupe suspect est signalé, à la suite de renseignements d'habitants, d'une observation aérienne ou autre, il est pris en chasse.

Pour les partisans de l'Algérie française, après les derniers discours élyséens, aucun doute possible. Sauvegarder le drapeau tricolore de Marnia à La Calle passe par un recours aux armes. À bien des égards l'armée de terre est une grenade dégoupillée prête à exploser. Ses cadres d'active, dans l'ensemble, tout au moins. Pour les aînés qui ont vécu le départ de Hanoi et Saigon pas question de voir se renouveler de tels abandons. Pour tous, pas question non plus que tant de camarades soient tombés pour rien. Et cette terre algérienne n'est-elle pas une nouvelle France ? Que de promesses y ont été faites à ses deux peuplements ! Les sentiments devenus passionnels écartent le raisonnable, et le 13 mai n'offre-t-il pas un précédent instructif ?

Trois groupes se sont formés. À Madrid, à Alger, en métropole. Schématiquement, il y a le camp espagnol avec Salan, le camp algérois avec Jouhaud, le camp parisien avec des colonels. De ces derniers surgira le « clash », le 22 avril 1961.

Salan-Ferrandi, voilà le duo militaire. Mis en liberté provisoire, certains des inculpés des Barricades, Lagaillarde, Susini, Ronda, ont rejoint la capitale espagnole. Une équipe madrilène « Algérie française » peut ainsi se constituer. Théoriquement du moins, car, dans la pratique, deux clans s'organisent séparément.

Le député d'Alger Pierre Lagaillarde oublie le plus souvent qu'il n'est, aux yeux de l'ancien commandant en chef, qu'un sous-lieutenant de réserve. Le général d'armée Salan entend que l'on respecte son rang. Il trouve à cet égard beaucoup plus d'adhésion et de complicité chez Jean-Jacques Susini. Pourtant l'attelage paraît bien dissemblable. Le jeune Susini est dans sa vingt-huitième année. Il professe certaines idées politiques qui sont bien loin de celles du Mandarin qui a, comme disait Clemenceau, la « tripe républicaine ». Le personnage Susini est séduisant. Il est intelligent. Ses amis comme ses détracteurs le savent. Derrière un front déjà dégarni sur des joues creuses, les idées se bousculent, servies par une culture bien assise. Il a de l'entregent. Pour Salan, si Lagaillarde parade, le jeune Susini agit. L'ancien président des étudiants d'Alger a gardé de solides contacts dans cette ville. Il sait ce qui s'y passe et à ce titre c'est un informateur utile.

C'est à Madrid que Jean-Jacques Susini conçoit un nouveau mouvement. Au début, Salan est sceptique. « Un de plus après les FAF, MP 13 !, etc. » Mais Susini a vu tout autre chose que les anciens groupements en faillite. (Seul le MP 13 de Martel, le Mouvement populaire du 13 Mai, a gardé ses réseaux peu nombreux mais solides. Ils hébergeront Salan et Jouhaud après le 22 avril.)

Le mouvement qui se crée en février 1961[2] sera clandestin, discipliné, au-dessus des interférences politiques et des querelles de personnes, en principe. Son nom : OAS, Organisation armée secrète. Les vocables, armée, secrète, sont significatifs de ce que cette organisation entend être. « *Res non verba* », clamaient les Romains. Elle répond à ce vieux principe. Déjà des équipes s'emploient à propager ce nouveau sigle sur les murs d'Alger. À grands coups de pinceau, elles font connaître les trois lettres à la population européenne ou musulmane. En quelques semaines les événements les propulseront au premier rang. Pendant plus d'un an, elles seront le pôle de ralliement des ultimes défenseurs de l'Algérie française. « La Garde, suprême espoir et suprême espérance », chantait Victor Hugo. L'OAS sera la Garde.

En Algérie, de son bureau de Baba Ali, Jouhaud, quant à lui, s'active. Ce général, droit, généreux, profondément humain, draine les sympathies. Bien qu'il soit estimé de beaucoup, il reste un aviateur retraité sans

2. Date de naissance officielle, 11 février, à prendre avec réserve. Aucun document d'état civil ne la mentionne. Un seul point formel : le terme OAS commence à apparaître en février 1961. Le général Salan, alors prisonnier à Fresnes, annoncera sa dissolution à compter du 5 juillet 1962, son existence ne se justifiant plus étant donné l'indépendance de l'Algérie. Dans la lancée, son nom servira de passe-partout aux adversaires de Charles de Gaulle. L'attentat du Petit-Clamart en août 1962 se réclamera d'une organisation n'existant plus théoriquement.

moyens effectifs et peu connu. La palme de la popularité en Algérie revient aux paras, comme ceux de Massu, loin devant celle d'un simple général comme Jouhaud. On l'a vu, en décembre, envisager de tenter quelque chose avant de renoncer devant la modicité de son bras armé. Il ne peut qu'entretenir la flamme, sonder les bonnes volontés, préparer des ralliements militaires indispensables à toute action d'envergure. Il possède l'avantage d'être sur place et bien introduit dans le monde civil.

Cette action d'envergure, des colonels en métropole la conçoivent et l'organisent. Plusieurs ont été renvoyés en France au lendemain des Barricades : Argoud, Godard, Broizat, Lacheroy. D'autres se joignent à eux par liens de vieille camaraderie et de sentiments : Vaudrey, un marsouin, ancien du Comité de salut public d'Alger, en mai 1958 ; Blignières, patron du 1er REC de 1958 à 1960 ; Jean Callet[3], que l'on rencontra à Tébessa avec Pouilly, l'actuel commandant du corps d'armée d'Oran ; en attente d'affectation ou de mise à la retraite d'office, Romain-Desfossés, de retour de Philippeville ; Jean Gardes, dont le séjour à la Santé n'a pas altéré la détermination, Chateau-Jobert, le Conan des SAS, compagnon de la Libération[4].

---

3. Le 24 août 1944, le capitaine Callet, de la 2e DB, avait survolé Paris avec un petit avion d'observation et largué aux défenseurs de la préfecture de police un message : « Tenez bon, nous arrivons. »

4. Callet finira général de corps d'armée (4 étoiles) Le 22 avril 1961, il se trouvera au Niger où il venait d'être muté. Par la suite, il rejoindra l'OAS où il prendra la direction du Constantinois avant de devoir vivre en exil jusqu'en 1968.

Ces colonels n'ont qu'une ambition : garder l'Algérie française. L'enjeu mérite de prendre des risques. Toutefois, en bons militaires, ils ont certainement une autre vue : obtenir leurs étoiles un jour. Seul Jean Callet pourra un jour les décompter, dont Argoud écrira qu'il « a décidé, dans sa grande sagesse, de voir comment le vent tournera avant de s'engager sans esprit de retour[5] ».

Tous ces comploteurs se réunissent le plus souvent autour du colonel Lacheroy, dont le bureau à l'École militaire leur assure une relative sécurité. Parmi eux se glisse parfois le général Jacques Faure[6], plus enflammé que jamais. Allure de jeune premier, sportif, la poignée de main avenante, il attire la sympathie, ce divisionnaire, mais aussi des regards et des soupçons. Son patriotisme exacerbé ou son goût de l'intrigue lui ont joué des tours. Il n'est plus crédible et surtout il est trop voyant. Il suffit qu'il ouvre une porte pour que s'engouffre un souffle de complot.

Derrière les aînés se profilent aussi quelques anciens du 1er REP. Parmi eux Pierre Sergent qui, après un séjour écourté à la tête de la 1e compagnie, se morfond à Chartres. Fluet, visage de passe-muraille, il brûle d'une foi ardente en sa mission et en lui-même. Et surtout le lieutenant Roger Degueldre. Certes, dans un monde aussi hiérarchisé que le milieu militaire, il

5. *La Décadence, l'imposture et la tragédie*, Fayard, 1974, p. 256.
6. Son fils le lieutenant Bernard Faure (Cyr 1952-1954) a été tué en Algérie.

possède le handicap de ses modestes deux galons. Il les compense largement par son intelligence et son dynamisme en assurant le maillon entre Alger et Paris. Bien qu'officiellement porté déserteur le 25 janvier 1960, il se faufile entre les postes de douane et de contrôle. Au 1er REP il garde des liens fidèles avec ses anciens camarades, s'appuyant avec force sur le corps des sous-officiers dont il fit partie dans un passé encore proche. Dans la ville, il commence à regrouper des hommes, embryon de ses futurs commandos Delta.

*

Pour les comploteurs, dont la décision est maintenant bien affermie de tenter un coup d'État en Algérie afin de la garder française, il y a deux préoccupations essentielles : trouver des hommes et désigner un chef. Les troupes françaises, à la fin de l'hiver 1961, sont pour l'essentiel en Afrique du Nord – du moins pour l'armée de terre. C'est dans ce vivier qu'il faut recruter. Les liens de camaraderie et de convictions assurent assez vite quelques appuis :

Le 1er REC du colonel de La Chapelle à Khenchela, dans le Sud-Constantinois. La Chapelle a été, en 1956, l'adjoint du colonel Argoud commandant le 3e RCA dans l'Algérois et ce dernier sait pouvoir compter sur lui. Effectivement, La Chapelle, en dépit de ses charges familiales, ne le décevra pas.

Les 18e et 14e RCP de Masselot et Lecomte, toujours basés dans le Constantinois avec la 25e DP. Le commandant du 18 sera, avec Robin et Saint Marc, l'une des grandes figures morales du 22 avril. Pied-noir de la cinquième génération, il entend défendre jusqu'au bout la terre de ses aïeux. Ancien du RMLE en 1944, du 5e REI et du 2e BEP au Tonkin, du 2e REP en Algérie, il est célèbre pour son mauvais caractère et son irrespect envers ceux de ses supérieurs qu'il juge insuffisants. En Indochine on l'a entendu répliquer à l'un d'eux : « Vous avez le pouvoir de me donner des ordres mais dispensez-moi de vos conseils ! » Une telle attitude ne favorise pas l'inscription au tableau d'avancement. C'est pourquoi il n'est encore que lieutenant-colonel. En vingt ans de Légion, Georges Masselot s'est taillé une belle réputation de chef difficile, voire pénible lorsqu'il est en second, mais capable. Intérimaire au 2e REP au début de 1958, il a remporté de beaux succès, faisant jongler ses compagnies héliportées vite et bien. Cette réputation d'aptitude et d'efficacité sur le terrain lui a valu de commander ce 18e RCP dont il fera le « 3e REP », désignation qui veut tout dire.

Et puis, et surtout, les colonels disposent d'une pièce essentielle, en raison de son implantation dans la banlieue algéroise et de la valeur de son chef, le GCPRG, le groupement de commandos parachutistes de réserve générale du commandant Robin. Georges Robin, pied-noir d'Alger, protestant rigoureux, physique de *play-boy*, est pour ses hommes le dieu Mars.

Un qualificatif que ce soldat a pleinement mérité. Brevet de parachutiste à trois chiffres (918), il fut de la campagne de libération avant celle d'Indochine dans les rangs du 5e REI. Après un passage au 1er REP, début 1961, il a pris le commandement du GCPRG, unité relativement récente (1959) qui apparaît comme une troupe de choc. Derrière Robin et son adjoint Forhan, l'essentiel du « clash » se prépare sur les hauts d'Alger en leur PC, la villa Poirson, aux Tagarins. Tout se bâtira autour du GCPRG. Le père de famille nombreuse qu'est Robin n'ignore pas les risques qu'il prend. Il agit néanmoins dans le sens de ce qu'il estime être son devoir.

Dans la Mitidja, les comploteurs peuvent encore compter sur la BAP/AFN, la base aéroportée d'Afrique du Nord, à Blida, où les jeunes paras viennent se faire breveter. Parmi ses cadres se trouvent de glorieux soldats ayant derrière eux Résistance, campagne de France, Indochine, Algérie, des braves comme Marcel Clédic ou Andernos Mosconi. Ce dernier, parachutiste de haut niveau, a battu en 1958 le record du monde de saut en commandé sans inhalateur. Clédic, lui, a sauté sur Diên Biên Phu et sera plus tard grand officier de la Légion d'honneur. Avec Clédic et Mosconi, une équipe d'officiers qui marchera, le colonel Le Bourhis, patron en titre de la BAP, les commandants Vailly et Penduff, le lieutenant Auriolle.

Tous ces officiers, RCP, GCPRG ou BAP, ignorent les méandres fallacieux de la vie politique. Ils en sont à des années-lumière. Ils visent un seul but : éviter en Algérie ce qui s'est déroulé en Indochine, un départ malheureux. D'autant qu'à l'inverse de 1954 ils sont en 1961 les vainqueurs incontestés sur le terrain. Sur ce point rares sont ceux qui nieront. De Gaulle lui-même l'a reconnu dans ses discours.

Quelques unités, si valeureuses soient-elles, ne sauraient enlever la décision dans une armée de quatre cent mille hommes (environ cinq cent cinquante mille si on ajoute les diverses unités de supplétifs). Un réseau ténu se met en place. Chaque régiment compte, en principe, une antenne, un officier subalterne. Celui-ci, discrètement, sonde ses camarades. Il jauge les sûrs, les moins sûrs, les indécis, les hostiles. Argoud et ses camarades peuvent ainsi faire leur bilan :

Côté paras, rien à attendre des chefs. À la 10e DP, Saint-Hillier, compagnon de la Libération, est gaulliste, du moins est-il regardé ainsi. À la 25e DP, Autrand, timoré et falot, ne bougera ni dans un sens, ni dans l'autre. En revanche des chefs de corps ont dit « oui », dont Lenoir, « la Vieille », l'ancien adjoint de Bigeard, qui commande à son tour un RPIMa, le 8e du nom. On peut espérer des sympathies actives aux 1er et 9e RCP ainsi qu'au 2e RPIMa. Les deux REP sont douteux. Le 1er a été épuré. Le 2e a un colonel, Darmuzai, dont on se méfie. Les capitaines paraissent acquis.

À la Légion, le colonel Albert Brothier, commandant le 1er RE à Sidi-bel-Abbès, au courant de tout, a paru donner son accord et même s'engager. Fin janvier, recevant au quartier Vienot à Sidi-bel-Abbès le 2e REP repartant pour le Constantinois, il a proclamé aux cadres : « Vous avez pu le constater, l'Oranie française se porte bien ! » Effectivement, les légionnaires du 2e REP arpentant les monts de Tlemcen se sont vu confirmer que le Fell local était aux abonnés absents. Aux jumelles, ils ont simplement distingué les camps fells dans la plaine d'Oujda. Allant plus avant, Brothier a pris à part Cabiro, le commandant en second du 2e REP :

— Cab, on connaît les sentiments de votre patron[7]. Pas question de compter sur lui. On peut compter sur vous ?

— Évidemment, pas de problème, mon colonel.

« Compter sur vous » ? Pour quoi faire ? Poser une telle question dans le climat de janvier 1961, c'est presque y répondre. Le jeu sinusoïdal de Brothier commence.

Brothier donnant son accord doit suffire. Le patron de Bel-Abbès jouit d'un grand prestige chez les képis blancs, d'autant que les sentiments des cadres de cette troupe traditionnelle de l'armée d'Afrique sont connus. Aux 2e et 5e REI, par exemple, on respire ouvertement « Algérie française » à tous les niveaux. Le chef de corps du 5e REI, le colonel Pfirrmann, est un enfant de Souk Ahras. Seul problème, la 13e DBLE, où le

7. Le nommé Pierre Darmuzai, déjà cité, dit Petit Pierre à cause de sa taille, qui se déclare gaulliste. Il se pose en FFL. Il le fut effectivement, rallié le 31 juillet 1943, dernier jour pour obtenir le label.

colonel Vaillant ne cache pas ses sentiments disciplinés et gaullistes. Pour la Légion les conjurés croient de surcroît détenir l'atout maître : le général Paul Gardy – Popaul –, ancien inspecteur de la Légion étrangère qui a fait ses adieux à Bel-Abbès il y a à peine dix-huit mois. On le sait populaire, car il a bien œuvré pour la Légion, lui faisant délaisser ses postes pour une vie d'intervention en réserve générale et obtenant une solde à part entière pour les jeunes légionnaires dès leur engagement[8]. Certes, Gardy a été apprécié. Mais un retraité n'est pas grand-chose dans l'armée d'active. L'avenir le prouvera une fois de plus.

Le corps d'intervention est une chose et la masse des unités dites régulières une autre. Or cette masse, constituée du contingent d'origine métropolitaine, occupe territorialement le pays :

— À elle, la garde des postes, des fermes et des villages.

— À elle, l'omniprésence sur le territoire algérien. On oublie trop les services qu'elle rend ; elle protège certes mais aussi éduque, soigne, bâtit routes et villages. La quasi-totalité de l'encadrement penche pour l'Algérie française ; mais la troupe ?

8. Les légionnaires, par définition étrangers, subissaient jusqu'alors les contraintes du contingent. Pendant la durée dite légale de leur engagement initial de cinq ans, ils ne percevaient que le prêt du soldat, somme modeste attribuée aux appelés. Ce n'est donc qu'au bout de dix-huit mois, suivant les critères du temps, qu'ils recevaient une solde régulière. Procédé pour le moins bizarre vis-à-vis de mercenaires étrangers. Gardy avait réussi à faire cesser cette anomalie.

Le contingent, et c'est normal, n'a pas les mêmes raisons d'engagement. Les conspirateurs font un peu l'impasse sur cette « piétaille » se fiant à quelques amitiés ou sympathies de-ci, de-là. Ils pensent beaucoup plus aux officiers des SAS, les sections administratives spécialisées chargées de l'administration locale, hommes de terrain et de contacts avec la population musulmane. Ceux-là, on est quasiment sûrs de leurs convictions. Mais les SAS dans leurs douars ne sont rien sans l'ossature militaire qui les couvre.

Il reste, bien évidemment, les deux autres armes, la marine et l'aviation.

L'aviation ? On espère que Jouhaud en fera son affaire et obtiendra l'accord de deux généraux de haut rang, Bigot et Nicot. Le premier commande la 5e région aérienne, celle d'Alger, sa ville natale, région qui eut jadis Jouhaud lui-même pour patron à l'heure du 13 mai 1958. Nicot est major général de l'armée de l'air, un poste d'extrême responsabilité (numéro deux de l'armée de l'air). En outre, les commandos de l'air du lieutenant-colonel Emery ne sont-ils pas acquis ?

La marine, elle, ne pèse pas ! Car, en dehors de la DBFM, du commando Guillaume et de quelques « Bananes » ou « Corsair » de l'aéronavale, les marins sont absents du champ de bataille. Du moins peuvent-ils bloquer les côtes comme ils le font depuis plusieurs années face aux incursions du FLN par voie maritime pour ravitailler l'ALN. De surcroît, on le sait,

DBFM et commando Guillaume pensent bien. Ils le prouveront.

Quel chef mettre à la tête de ce mouvement insurrectionnel ? Il doit bénéficier d'une audience militaire et si possible civile. Le premier nom retenu est naturellement celui du proscrit de janvier 1960 : Massu. Pressentie par Romain-Desfossés, son ancien condisciple au prytanée de La Flèche[9], l'ancienne idole des Algérois se récuse. En disgrâce aujourd'hui, il espère rentrer en grâce demain. Il ne croit plus à l'Algérie française et ses pensées comme ses ambitions sont ailleurs[10]. (C'est un secret de polichinelle, son épouse pense bien souvent pour lui en la matière. Ancien chef des ambulancières Rochambelle de la 2e DB, Suzanne Torrès partage la vie de Massu depuis 1948 et influence lourdement ses décisions.)

Jacques Faure, immédiatement disponible, ne demande qu'à foncer. Ses anciens subordonnés ne se gênent guère pour lui laisser entendre qu'ils ne le prennent pas au sérieux. Quelques brigadiers ou divisionnaires pourraient à la rigueur se mettre sur les

9. Jacques Massu, matricule 9953 A ; Romain-Desfossés, 9923 A ; entrés à La Flèche en 1926. Tous les deux issus de Saint-Cyr 1928 (promotion « Maréchal Foch »). Dans l'armée ces moments de jeunesse créent de très forts liens à commencer par le tutoiement qui reste de rigueur. À la 2e DB, à la surprise des non-initiés, le colonel Rouvillois tutoyait Leclerc (promotion « Metz et Strasbourg », 1922-1924).

10. Il est honnête de mentionner que, par la suite, il interviendra pour hâter la libération des détenus « Algérie française » et ce même avant mai 1968 où son rôle, à cet égard, ne sera pas négligeable. Peut-être avait-il en matière d'« Algérie française » une certaine mauvaise conscience ?

rangs. Mais qui les connaît, à condition encore qu'ils acquiescent ?

En revanche, les généraux à la retraite sont nombreux : Jouhaud, Salan, Zeller. André Zeller est bien obscur et l'austérité de ce vieux soldat n'a pas de quoi exciter les foules. Edmond Jouhaud, l'aviateur, est encore mal perçu par les hommes de l'armée de terre qui sous-estiment son influence sur ses compatriotes et ses qualités réelles. Il reste Raoul Salan, le Mandarin, mais il passe mal, très mal. Son fauteuil doré de gouverneur militaire de Paris, après son poste de proconsul en Algérie, a été sévèrement jugé et n'a pas rehaussé son prestige. Devant un tel camouflet, on démissionne. Pourtant, l'homme, ses proches le savent, est profondément honnête. Avant 1939, rentrant d'Indochine, il avait ramené avec lui son fils métis Victor et s'est attaché à son éducation. Les mœurs, à l'époque, jugeaient mal une telle situation.

Alors qui ? Depuis le 18 Brumaire, chacun sait qu'un coup d'État victorieux implique un général. À Londres, en juin 1940, le colonel Charles de Gaulle n'aurait eu aucune audience. Le général, pourtant à titre temporaire, a pris une autre dimension.

Il y a bien aussi, en toile de fond, le plus glorieux soldat de l'armée française, le maréchal de France Alphonse Juin, enfant de Bône (Annaba). Le maréchal a dépassé l'âge des engagements extrêmes (né en 1889) auxquels son caractère ne l'a du reste jamais porté. Il se contente de protestations verbales sans portée pratique.

L'homme providentiel surgit quand personne ne l'attendait.

Maurice Challe, cinquante-six ans, était un tourmenté. Il suivait attentivement l'évolution gouvernementale. Pour sa part, il ne saurait apporter sa caution à la politique menée en haut lieu. Il préfère briser son épée. Le 1er mars, il donne sa démission et met, suivant l'expression consacrée dans le monde militaire, le sabre au clou. Le général d'armée revêt la « tenue bourgeoise » et se prépare à œuvrer chez Saint-Gobain. Par le fait même, il devient libre. Ses anciens colonels, au parfum, viennent le sonder et le solliciter de se joindre à eux, à leur tête bien évidemment. Challe les écoute sans s'engager, sans les dénoncer, étant trop honnête pour cela. Du reste il partage leur révolte. Il voit parfaitement où de Gaulle mène l'Algérie et il englobe cette destinée dans une perspective européenne. Il estime l'Occident dangereusement frappé par la sécession future des départements français d'Algérie. Cela, il ne peut l'accepter, d'autant que l'homme de cœur qu'il est songe à tous ceux, militaires ou civils, que la France a compromis à ses côtés depuis des années.

La révolte qui gronde en lui est prête moralement à s'exprimer, mais il n'a pas encore franchi le Rubicon.

Dans cette fronde qui anime certains rangs de l'armée française, un homme voit clair. Le général Jean Gracieux, inspecteur des TAP et ancien patron de la 10e DP, que ses fonctions amènent à circuler en Algérie comme en métropole, a conscience que le pays ne suit pas la rébellion. Il le dit à ses camarades sans rien trahir de ce qui se trame. (Après l'échec du 22 avril, ce grand monsieur rendra son épée et deviendra président de l'UNP, l'Union nationale des parachutistes, apportant un grand secours aux anciens paras qui avaient eu des ennuis pour leur participation au 22 avril et à l'OAS[11].)

11. Ces temps sont révolus même si l'UNP reste fidèle à l'entraide au profit de camarades paras en difficulté. Elle se donne surtout mission d'entretenir l'esprit para avec ce qu'il implique de patriotisme, de goût du risque, de générosité et de camaraderie.

Chapitre III

La dernière ligne droite

Avril. Les premières chaleurs en Algérie et le soleil déjà tape dur. Les opérations se poursuivent afin d'éliminer les dernières ferkas (sections) qui subsistent dans les Aurès-Nemencha. Ces rescapés du plan Challe se battent bien. Les réduire dans les falaises ou les éboulis rocheux finit souvent à un contre un[1].

Le 26 mars, Gambiez a adressé à ses troupes un ordre du jour qui a fait jaser :

« Depuis six ans l'armée française lutte pour libérer les populations de l'emprise des hors-la-loi et ramener la paix en Algérie.

---

1. Le 16 avril, la 4ᵉ compagnie du 2ᵉ REP, commandée par l'auteur, a neuf tués dans l'Ahmar Khaddou, ultime bastion méridional de l'Aurès, pour trente-trois en face plus trois prisonniers avec l'armement correspondant saisi (voir, du même auteur, *l'Honneur, pas les honneurs*, Bernard Giovanangeli Éditeur, 2018, tome I, chapitre xv).

« Les bandes de l'extérieur ont été contenues hors des frontières et, à l'intérieur, la rébellion, en grande partie neutralisée et démantelée, est aux abois.

« Mais notre combat n'est pas terminé. Il entre au contraire dans sa phase décisive. Pendant les jours qui vont venir va maintenant se jouer le forcing qui doit faire connaître sans équivoque notre victoire et nous laisser maîtres du terrain.

« Il nous faut, par ce nouvel effort, liquider le plus rapidement possible et d'une façon définitive les dernières séquelles de la rébellion et créer partout des états de fait de cessez-le-feu.

« En plus de l'effort principal qui sera porté dans les Aurès un effort opérationnel généralisé sera porté sur tout le territoire de l'Algérie. Chaque chef à tous les échelons doit mesurer le potentiel rebelle qui lui est opposé et entreprendre sans délai une action pour le neutraliser. »

Un terme ressort de ce texte officiellement daté du 21 mars. Le forcing ! Le forcing alors que manifestement de Gaulle entend donner l'Algérie aux Fells ! Quelle hypocrisie ! La cote du petit général ne saurait remonter après un tel verbiage. Veut-il gagner une citation de plus, car il est bien connu dans l'armée qu'on est toujours récompensé dans la personne de ses chefs ? Pourtant il ne peut prétendre ignorer l'état d'esprit d'une partie de ses troupes. Début avril, près de Mac-Mahon (Aïn-Touta), au nord-ouest de l'Aurès, visitant le 2e REP et me questionnant, car il me connaissait bien, il me demande :

— Et toi, Pierre, qu'en penses-tu ?

Il s'entend répondre :

— Nous les jeunes, nous sommes prêts à tout pour garder l'Algérie française !

On ne saurait être plus clair bien qu'à cette heure j'ignore tout de ce qui se tramait à Paris et ailleurs. Je livrai ainsi mes sentiments et ceux de mes camarades, officiers paras comme moi. J'espérais seulement qu'un événement – lequel ? – renverserait le cours des choses. Moralement, j'étais prêt à le soutenir s'il marche dans le sens « Algérie française »[2]. Ce qui se produira.

11 avril. Une fois encore de Gaulle tient une conférence de presse. Ses propos ont incontestablement l'avantage de la clarté. L'orateur s'exprime sans retenue :

« La France n'a aucun intérêt à porter à bout de bras l'existence des populations dans une Algérie qui n'offrirait rien en échange de ce qu'elle a à demander.

« C'est pourquoi la France considérerait avec le plus grand sang-froid et d'un cœur tranquille que l'Algérie cessât d'appartenir à son domaine… »

2. On peut s'étonner que la SM, la Sécurité militaire, n'ait pas mieux alerté sur cet état d'esprit. Peut-être en Algérie est-elle en partie « gangrenée » elle aussi ? Ce n'est pas impossible à cette date. Il en sera autrement ensuite. La SM sera l'un des grands adversaires de l'OAS. Des officiers de la SM perdront la vie à Alger et Oran.

Répondant à un journaliste l'interrogeant sur un éventuel remplacement de la France par les États-Unis ou l'URSS en Algérie, il a une réponse susceptible de blesser les enfants du pays : « Quant à ceux qui auraient la tentation de prendre notre relève, je leur souhaite bien du plaisir… »

L'affaire est entendue. De Gaulle tourne la page en Algérie, pays qu'il regarde comme une charge injustifiée pour la France. Challe hésitait. Au colonel Romain-Desfossés venu lui proposer au nom des colonels de prendre leur tête dans le futur « clash », il avait déclaré :

— C'est grave, ce que vous me proposez là.

— Moins grave que de perdre l'Algérie, mon général.

Perdre l'Algérie ! De Gaulle l'accepte, d'un cœur léger, dirait Émile Ollivier. Il vient d'allumer la mèche qui libère la conscience de Challe. Ce dernier écrira dans ses Mémoires : « Ce jour-là, 11 avril, après avoir entendu l'homélie inhumaine, ma décision fut prise. » En pleine connaissance de causes, il donne son accord sous ces conditions : être le patron, fixer le jour J, ne pas mêler les Européens à l'affaire. Il garde sur le cœur la semaine des Barricades, les morts inutiles, les palabres stériles. Il veut quelque chose de propre et de strictement militaire. Sans plus. Là sera sa ligne de conduite constante jusqu'aux dernières heures lorsqu'il vit s'effondrer ses ultimes illusions.

Être le patron ? Nul, hormis Salan, ne saurait contester sa prééminence. Le personnage passe très bien, comme chef et comme homme. Il est abordable, d'un contact facile, et ses ordres sont clairs. Son semi-proconsulat a été un succès. Avec lui la rébellion a régressé.

La date ? En accord avec Zeller et Jouhaud, il la fixe au 20 avril. Inutile de traîner. Ce serait augmenter les risques de trahison ou de découverte. Pour tenir les Européens à l'écart, là encore large accord. Toujours le souvenir des Barricades ! Jouhaud approuve pour ne pas rompre l'unité.

Quelle est au fond de lui-même l'intention de Challe, ce que les états-majors appellent l'idée de manœuvre régissant une opération ?

Illusions et idées généreuses se mêlent. Une douzaine d'années après, il les exprimera tout en gardant une certaine prudence, ne voulant compromettre personne, les faits étant encore relativement récents[3]. Il est possible de les résumer en quelques points. Affirmer la permanence de l'armée française en Algérie, finir de liquider l'ALN, reprendre l'affaire Si Salah, mobiliser huit classes de toutes les communautés en Algérie, réduire le service militaire en Algérie à dix-huit mois et renvoyer en métropole les libérables. Enfin, rationner vivres, carburant, munitions. Il oublie néanmoins qu'il dispose de deux atouts principaux : l'ardeur d'un cer-

---

3. *Notre révolte*, Presses de la Cité, 1968, p. 190-191.

tain nombre de jeunes officiers, et le pétrole saharien qui peut servir de monnaie d'échange. On pourrait ajouter la masse pied-noire, mais il la refuse, on le sait.

Fort des promesses reçues, Challe escompte un très large ralliement de l'armée d'Algérie. Il tombera de haut devant le grand nombre d'officiers qui attendront de voir l'orientation du vent. Il estime pouvoir réaliser son plan en trois mois. Que ferait alors de Gaulle ? Comme jadis Mac-Mahon en 1877, se soumettre ou se démettre.

Le plan ambitieux de Maurice Challe oublie deux éléments essentiels : d'abord que Charles de Gaulle n'est pas le brave M. René Coty et surtout la lassitude de l'opinion métropolitaine devant une guerre qui lui prend ses fils. Trois années depuis mai 1958 et la France a l'impression de s'enfoncer dans une guerre sans fin.

*

L'ancien commandant en chef en Algérie, l'ancien commandant du secteur Centre-Europe de l'OTAN, ne peut avoir des vues de café du commerce, « à la Ortiz ». Il n'est pas aveugle au point d'ignorer jusqu'où peut le mener sa tentative. Une fois l'Algérie entre ses mains, il devra s'imposer même à Paris, et cela évidemment *manu militari* puisque tel est son recours. Il laisse donc en métropole un état-major avec Faure, Blignières, Romain-Desfossés, Callet, et lui promet :

« Donnez-moi quinze jours pour m'organiser en Algérie. Après quoi, je vous enverrai un ou deux régiments paras si besoin. »

Maurice Challe, par la suite, sera accusé de légèreté ou d'impréparation. Des exaltés iront même plus loin, sans fondement aucun. Il est certain qu'il fut mal informé du climat réel en Algérie, noyautée par des fidèles de De Gaulle, et qu'il adhéra aux illusions de colonels emportés par leur fougue. Mais qu'il n'eût pas une vision globale du problème à résoudre, c'est sans aucun doute faux.

*

Pour reprendre la formule de Gambiez, les colonels ont fait le « forcing » avant le « clash ». Ils ont touché du monde. Ils ont sondé les réactions et reçu – ou cru recevoir – des adhésions dans les milieux politiques et militaires. Georges Bidault, François Valentin, Robert Lacoste, Max Lejeune, Jacques Soustelle savent. Comme le général en retraite Valluy, toujours grande autorité morale de l'armée française, le général Lecoq, qui commande la 6e région militaire à Metz, le général Blanc, ancien chef de l'armée de terre, le général Lennuyeux, ancien patron de la Légion. La liste peut s'allonger. Prudence ou camaraderie, le silence radio est de rigueur. Il faut respecter les lendemains. Le 13 mai qui a réussi reste dans les esprits.

Un détail qui n'en est pas un. Ces futurs révoltés et leurs sympathisants sont d'affreux « patos » (Français de métropole) en dehors de Jouhaud et de quelques autres moins connus. Combien la terre d'Algérie a fasciné les Français ! Terre souvent austère et parfois ingrate. Elle avait son soleil, ses espaces, son potentiel. Le problème majeur, qui explique l'échec de la colonisation, ce fut l'islam qui interdisait le brassage ethnique.

Nul ne le conteste, de Gaulle voit loin. Il se doute que la fin qu'il prépare pour l'Algérie française provoquera des pleurs et des grincements de dents. Il a donc mis en place, sur le terrain, des gens proches de lui, pour tenir les troupes en main et contrer d'éventuelles séditions. Pour cela il a puisé dans le vivier de ses fidèles, ceux qui le suivent depuis des lustres, les compagnons de la Libération.

Au sommet de la hiérarchie militaire en Algérie, Gambiez n'est pas compagnon, mais on le sait servile à défaut d'être très malin. Effectivement il l'est et le restera tout en se montrant courageux, qualité incontestable. Au-dessous de lui, la pyramide s'étage chez les compagnons. Les lieutenants et capitaines FFL de 1940 sont maintenant colonels ou généraux. Ils ont des commandements importants :

– le général Vézinet, le corps d'armée d'Alger ;

– le général Simon, la division de Tizi-Ouzou en Grande Kabylie ;

– le général aviateur Fourquet, l'aviation à Constantine ;

– l'amiral Querville, la marine à l'Amirauté à Alger ;

– le général Saint-Hillier, on l'a vu, la 10e DP ;

– le colonel Langlois, le 3e REI dans le Constantinois ;

– le colonel Boquet, le secteur d'Aïn-Taya en Mitidja ;

– certes, il est un peu loin en métropole, mais le général Morel, qui rappelle fièrement avoir gagné tous ses galons à la 13e DBLE, est le patron en titre la Légion. L'expérience prouvera son inefficience absolue. Personne ne l'entendra en dehors de son secrétaire à l'inspection à Paris.

Ceux-là et d'autres moins connus assurent un maillage gaulliste sur l'armée de terre d'Algérie[4]. Argoud – si intelligent soit-il – et ses amis n'en ont pas vraiment conscience. À leur décharge, ils ont reçu tant d'allégeances qu'ils y ont sans doute perdu un peu de lucidité.

*

Une question, obligatoirement, se pose le 19 avril 1961. De Gaulle sait-il ce qui se trame dans son dos ? La réponse est formelle : oui, bien que les dessous de la fronde à venir restent obscurs pour son entourage. Une évidence tout d'abord. Trop de monde est au parfum. Le militaire n'est pas foncièrement un homme de l'ombre. Il aime montrer qu'il sait devant

4. 1 038 combattants de la Seconde Guerre mondiale ont obtenu la croix de compagnon de la Libération dont 271 à titre posthume. En 1961, plusieurs dizaines de compagnons servent dans les rangs de l'armée française.

ses « petits camarades » et ses propos peuvent parvenir à des oreilles rétives.

Il est vrai que depuis plusieurs semaines des rumeurs circulent. À force de crier au loup, plus personne n'y croit vraiment. Pourtant des écoutes téléphoniques ont alerté. Faure, pour ne citer que lui, est tellement bavard en dépit de ses belles qualités. Le pouvoir est donc sur ses gardes. Le 21 avril, en cours d'après-midi, l'alerte se confirmera. Un lieutenant en Grande Kabylie révèle tout ce qu'il vient d'apprendre à son chef le général Simon[5], qui s'empresse de prévenir Alger. Alger saura donc et Paris de même. Cette alerte déclenchée ne modifiera pas grand-chose. De Gaulle, le 21 avril au soir, ira voir jouer *Britannicus* à la Comédie-Française avec Senghor, le président sénégalais, membre de l'Académie française.

*

En toile de fond, à Alger, il y a l'OAS fondée en février par Susini à Madrid. Dans la logique du désespoir des Européens, elle enrôle des bras. Ceux-ci distribuent des tracts et peignent sur des murs. Les tracts annoncent : « Nous savons que l'ultime combat

5. Le capitaine Oudinot (brevet para n° 1447), glorieux soldat descendant du maréchal d'Empire, est chef de la SAS de Beni-Douala près de Souk-el-Arba en Grande Kabylie. Très « Algérie française », il est partie prenante dans ce qui se prépare et groupe autour de lui une petite équipe qui partage ses sentiments : capitaine Blondeau, lieutenants Dupont et Savary, aspirant Lesch. C'est le lieutenant Savary qui dévoile l'affaire. Le parcours « Algérie française » et militaire d'Oudinot s'arrêtera là.

approche. Soyez certains que nous nous dresserons tous ensemble, les armes à la main, contre l'abandon de l'Algérie. » L'« OAS » dont la signature apparaît pour prendre pignon sur rue n'est pas pour autant structurée et organisée, malgré son nom. Les braves gens en parlent sans trop situer exactement de quoi il s'agit. Ils ont tellement besoin d'une bouée de secours.

L'OAS, véritablement, ne prendra son essor qu'après l'échec du 22 avril. Le colonel Godard la structurera, s'efforçant de placer des hommes dans les cases de commandement prévues. Dans l'immédiat, le 22 avril, elle fournira des guides, des jeunes généralement, connaissant parfaitement la ville. Cela n'ira pas plus loin au grand dam des Algérois qui n'auront qu'un seul droit : se réjouir et applaudir. Pas de civils, a répété Challe. Les centurions sont en phase avec lui en raison du fâcheux souvenir des Barricades. « On faisait la guerre aux Fells et vous nous avez empêchés de la faire », lançait avec colère, aux insurgés algérois, le colonel Bréchignac, commandant le 9ᵉ RCP en janvier 1960. Un Bréchignac qui marchera le 22 avril.

Chapitre IV

Le 20 avril 1961

Le 17 avril, Lacheroy est parti en précurseur pour Alger. Il connaît bien la ville et doit y préparer le terrain avant l'arrivée de ses camarades. Ceux-ci rejoindront l'Algérie à partir du 20 puisqu'il a été convenu que le « clash » devait démarrer le 21. Ils débarquent légalement ou non, suivant leur situation.

Le général Gardy est un brigadier retraité ayant des enfants en Algérie. L'une de ses filles, Nicole, est mariée à un officier du 1er REP de Zéralda, le capitaine Besineau. Une autre, Jacqueline, est mariée à un légionnaire parachutiste, le capitaine Michel Glasser. Un fils, cyrard, lieutenant de Légion. Gardy peut sans difficultés emprunter la ligne régulière d'Air Algérie. Moyen qu'emploie aussi Jouhaud puisqu'il travaille officiellement à Baba Ali. Godard voyage avec Gardy.

Bien qu'il soit discrètement surveillé, Gardy n'est pas un clandestin et, chez Air Algérie, il bénéficie de complicités. Ayant été chef de la Sûreté à Alger en 1958, il y possède ses entrées.

Le colonel Argoud était en poste à Metz. Le général Lecoq, ancien patron du 2e RSA en 1944, commandant la région, lui a signé en connaissance de cause et sans difficultés une permission de huit jours. Il peut vaquer impunément. Le colonel Gardes qui l'accompagne est beaucoup plus suspect. N'est-il pas un ancien accusé du procès des Barricades où il a toutefois été acquitté ? Les complicités chez Air Algérie, là encore, facilitent le voyage.

Un autre colonel doit faire le voyage vers Alger : le colonel Joseph Broizat, ancien patron du 1er RCP. Ce moine-soldat apportera sa flamme et sa foi. Il partira avec les gros bonnets, Challe et Zeller.

Des départs imposent plus de prudence, car les voyageurs sortent de la légalité. Les anciens du 1er REP, en exil en métropole, ne bénéficient d'aucune permission régulière pour Alger, bien au contraire. Le capitaine Ponsolle, les lieutenants Godot, La Bigne, Labriffe, sitôt contactés par Sergent, ont répondu OK. Pour eux s'engager en Algérie signifie plonger dans l'illégalité. Ils en ont accepté le risque sous couvert d'absence obtenue par le biais d'un titre de permission en France. Leur départ est prévu en Nord 2501 depuis la base d'Istres qu'ils ont rejointe par train.

Pour ces transferts, Jouhaud a dû batailler ferme. Ce n'est qu'avant l'échéance qu'il a obtenu, enfin, le feu vert de Nicot et Bigot, très réticents devant les risques d'un tel engagement. Le 19 avril, le commandant Lamothe pose son bimoteur à Istres. Il compte repartir sur-le-champ. Las, Sergent a été retardé. Lamothe ne redécolle que le 20 avec cinq anciens du 1er REP. Il y a eu quelques défections. Certains s'étaient engagés et au dernier moment ont calé. Inutile de les citer. Leurs camarades les connaissent. Ils continueront à faire carrière avec des hauts et des bas... Le plus souvent, ils n'iront pas très loin.

Ce retard de Sergent a une conséquence inattendue. De lui-même, puisqu'il n'est pas encore sur place, le capitaine décale le « clash ». Démarrage non dans la nuit du 20 au 21, mais dans celle du 21 au 22. Des dates historiques reposent parfois sur de petits détails.

L'équipe des anciens du 1er REP est ainsi arrivée sans encombre. Dans l'esprit de Sergent, elle est là pour suppléer les douteux du régiment. Lui et ses camarades reprendront les commandements de leurs anciennes unités, les nouveaux titulaires étant jugés hésitants voire hostiles. Sur ce point, il se trompe car le ralliement de Saint Marc entraînera les tièdes. Pour autant, il est sûr, sans erreur possible, de pouvoir s'appuyer sur les sous-officiers du régiment. Les lieutenants Degueldre, Coatalem, anciens sous-officiers promus officiers, et d'autres ont bien travaillé leurs anciens camarades et les esprits sont attachés à une terre où nombre d'entre eux ont trouvé un cœur.

Évidemment, le transport capital est celui des têtes d'affiche : Challe et Zeller accompagnés par Broizat. Il a été confié au commandant Schutz depuis la base de Creil. Zeller et Broizat gagnent Creil par leurs propres moyens. Un officier, dont Challe taira le nom dans ses Mémoires, conduit le futur patron du « clash »[1]. L'avion attendait à l'écart et l'embarquement se fait discrètement. Le commandant Schutz pilote cet appareil qui file dans un premier temps à basse altitude pour éviter les radars. Atterrissage à Maison-Blanche, l'aérodrome d'Alger, vers minuit. Puis nouveau départ pour Blida où le GCPRG du commandant Robin prend en charge les trois arrivants. Le reste de la nuit pour eux se passe à Blida avant le lendemain matin 21, destination Alger.

*

Le jeudi 20 avril au soir, ou au plus tard dans la nuit, tous les conspirateurs sont arrivés à bon port ou presque. Gardy et Godard ont trouvé gîte en famille ou chez des amis. Gardy a toutefois été surpris. Sa fille Nicole, l'épouse du capitaine Besineau du 1er REP, n'est au courant de rien. Pourtant le 1er REP est censé être l'un des fers de lance de l'action prévue. Qu'a fait Lacheroy ? s'interroge Gardy.

1. Il s'agit du colonel Callet, le capitaine Callet du survol de Paris en août 1944.

Argoud et Gardes ont été pris en charge par le colonel de La Chapelle qui les attendait à Aïn El Bey, l'aéroport de Constantine, où ils ont atterri à 14 heures.

Challe, Zeller, Broizat dorment à Blida dans une maison amie.

Les cinq anciens officiers du REP attendent tranquillement à Istres.

*

L'essentiel se jouera à Alger. Challe et les siens en sont persuadés. Le 13 mai, tout n'est-il pas parti d'Alger ? Une petite équipe sera en place dans la capitale pour assurer le suivi. Elle interviendra au titre de ce qui sera appelé le « complot de Paris », c'est-à-dire peu de chose, dont le gouvernement fera plus tard un épouvantail pour mieux rassembler les foules. À sa tête se trouvait le général Faure, qui fut un très mauvais choix tant ce soldat courageux et sincère attirait tous les soupçons par ses bavardages. Avec lui, le colonel de Blignières, un grand seigneur, quelques officiers et une poignée de civils de bonne foi. L'OAS métropolitaine, de triste mémoire à cause de ses attentats injustifiés et des revanchards de 45 glissés dans ses rangs, est toujours en gestation, pas encore sortie de sa chrysalide.

On lui imputera l'attentat à la bombe qui le 31 mars a coûté la vie au maire d'Evian, Camille Blanc. Certes, ce dernier avait accepté que les entretiens FLN-gouvernement français se déroulent dans sa commune mais cela ne méritait pas la mort. Dans la passion du moment, un homme eut la folie d'en vouloir à sa vie ou, tout au moins, de s'en prendre à sa demeure, lors d'un plastiquage homicide[2].

2. L'auteur de l'attentat, Pierre Fenoglio, sera arrêté début juin 1966.

Chapitre V

Vendredi 21 avril

Durant la journée du 20 avril, les acteurs du « clash » se sont mis en place. Le planning opérationnel est à établir. Il sera l'œuvre de Godard et d'un jeune capitaine, ancien du 3e RCA d'Argoud, le capitaine Bayt[1], en service à l'EMI. Les deux hommes situent parfaitement les postes clés du commandement civil et militaire d'Alger. Pour les neutraliser, ils disposent de trois éléments majeurs :

– le GCPRG du commandant Robin ;
– la BAP d'AFN du lieutenant-colonel Le Bourhis où le commandant Roger Vailly tire les ficelles ;
– le 1er REP du commandant de Saint Marc.

1. Le travail du capitaine Bayt échappera au tribunal lorsqu'il comparaîtra pour son action le 22 avril. Il sera acquitté mais devra quitter l'armée.

Bayt a fait un travail de bénédictin et tout fixé : les horaires, les itinéraires, les missions de chacun. La neutralisation des sites stratégiques à Alger est répartie entre les exécutants :

Au GCPRG :

– le palais d'Été, résidence du délégué-général Morin ;

– le GG, le Gouvernement général du 13 mai 1958 et son balcon du fameux « Je vous ai compris ! » ;

– la villa de Gambiez à El Biar.

À la BAP/AFN :

– le central téléphonique Mogador ;

– le commissariat central ;

– Fort-l'Empereur, PC du secteur Alger-Sahel ;

– l'hôtel de ville ;

– la préfecture.

Au 1er REP :

– la caserne Pélissier, PC du CA d'Alger ;

– l'école de police à Hussein-Dey en banlieue est ;

– la villa de l'amiral Querville ;

– l'hôtel particulier du général Vézinet ;

– le poste émetteur d'Ouled Fayet et l'immeuble de la RTF, boulevard Bru à Alger.

Au total, dix-neuf objectifs ont été désignés pour s'emparer et s'approprier les leviers de commande de l'armée et de l'administration civile. Force est de reconnaître que cette mainmise sera réalisée en très peu de temps, un peu plus d'une heure.

Le GCPRG est une unité relativement récente, née en 1959 de la guerre d'Algérie. Il faut préciser qu'il constitue officiellement une unité du contingent et non de métier. Mais y servir implique d'avoir « passé la porte ». Le parachutisme ne relève pas du surhomme mais impose de vaincre sa crainte légitime en se lançant dans le vide. Cette victoire sur soi-même donne assurance, fierté et même un certain orgueil. La fameuse « plaque à vélo », le brevet para, désigne les meilleurs. Les appelés qui la portent suivent allégrement leurs chefs qui pensent en général « Algérie française ».

Georges Robin, le patron du GCPRG, engagé de longue date dans les préparatifs du « clash », est prêt à s'engager pour sauver sa terre natale. Il a posé ses conditions pour suivre les colonels et notamment la présence de Challe. « Pas de Challe, pas de Totem. » Totem est son indicatif radio. L'annonce de l'adhésion de Challe a éliminé ses réserves. La pierre angulaire des préparatifs du « clash », c'est lui. Tout se trame à son PC, la villa Poirson, dans le quartier des Tagarins sur les hauts d'Alger. Il dispose près de lui d'une équipe d'officiers résolus : le commandant Forhan, son adjoint, et derrière, le commandant Guy Perrier, résistant à quinze ans, ancien légionnaire para, et des capitaines ou lieutenants qui en veulent : Vallaury, Mura, Basset, Mertz. Tous les commandos du GCPRG ne seront pas dans le coup. Quatre seulement, les quatre autres étant en opérations dans le djebel.

La BAP d'AFN, implantée sur la base aérienne de Blida, est commandée par le lieutenant-colonel Le Bourhis, un Breton favorable aux révoltés. Son adjoint, le commandant Roger Vailly, y tire sur les suspentes et oriente la BAP plus que vigoureusement vers l'Algérie française. Les deux capitaines Clédic et Mosconi partagent pleinement toutes ses arrière-pensées. Vailly peut compter sur eux. La BAP, sous le couvert des sauts de jour comme de nuit, contrôle les mouvements d'avions. Cette prérogative sera fort utile pour réceptionner le Dakota transportant Challe et Zeller.

*

La villa Poirson s'est muée en PC opérationnel. Heureusement qu'elle est grande. Cette maison de notable de plus de 400 m^2 habitables compte une bonne douzaine de pièces sur trois étages. Des paras du GCPRG en assurent la protection.

Au GCPRG, Robin est prêt. *Idem* pour la BAP d'AFN où le commandant Vailly mène le bal. Quant au 1er REP, opportunément cantonné dans son camp au repos, à Zéralda, il est prévu à « l'effectif rationnaire », c'est-à-dire sans certitude absolue. Marchera-t-il ? Son chef, le colonel Guiraud, ancien commandant du 1er BEP à Diên Biên Phu, est absent, permissionnaire en métropole. Le commandant Denoix de Saint Marc assure donc l'intérim à Zéralda.

Saint Marc n'a rejoint le 1er REP qu'en début d'année. Jugeant Guiraud un peu fade, Saint-Hillier, patron de la 10e DP, a placé près de lui ce commandant au parcours exemplaire : Résistance, déportation, trois séjours en Indochine, sur la brèche en Algérie depuis 1955 avec une seule brève interruption. Le chef est respecté et passe bien. Vieux légionnaire – quinze ans sous la grenade à sept flammes –, il a la confiance de ses subordonnés qui apprécient son calme et sa rigueur morale. Son passé limpide est légendaire.

Le vendredi 21, vers 11 heures, le capitaine Besineau, qui fait partie du staff du 1er REP où il commande la CCS, se rend chez son commandant. Évidemment, le gendre du général Gardy, depuis quelques heures, n'ignore rien. Il va droit au but :

— Mon commandant, j'ai quelque chose de très grave, de très important à vous transmettre.

— Si vous pouviez ne pas me le dire, Besineau, je préférerais. Car j'ai déjà suffisamment de soucis avec le régiment et j'aimerais mieux ne pas en avoir d'autres.

— C'est impossible, mon commandant, j'ai un message pour vous de la part du général Challe.

— Le général Challe est à Alger ?

— Depuis cette nuit.

Dans la foulée, Besineau entraîne son commandant pour une rencontre avec Challe.

Le trajet est relativement court depuis Zéralda pour gagner les hauts d'Alger. Il évite de passer par le centre-ville. Gardy est là, villa Poirson. Rapidement, il éclaire

Saint Marc sur ce qui l'attend. La réponse dépeint l'homme :

— Sans présager de ma décision, je vous donne ma parole que je ne dévoilerai de toutes les façons rien de vos projets et que – si je n'y participe pas – je ne ferai rien pour les entraver.

Entre membres de la même famille militaire on ne se trahit pas.

Challe et Saint Marc se retrouvent ensuite face à face. Ils se connaissent bien. Saint Marc, lors de l'opération Jumelles en Grande Kabylie, pendant l'été 1959, faisait partie du PC Artois de Challe. Il dirigeait le 3e bureau en alternance avec Faulques, le rescapé, couturé de partout, miraculé du 1er BEP de la RC4 en octobre 1950. (Les Viets l'avaient rendu, le jugeant perdu.)

L'entretien ne peut être que courtois entre deux personnalités qui s'apprécient.

— Nous ne voulons ici que tenir les promesses du 13 mai, déclare Challe. Je suis un démocrate, Saint Marc, ce ne sera ni un coup d'État fasciste, ni une revanche raciste. Êtes-vous des nôtres ? On remplacera le régime par un autre conforme aux intérêts de l'Algérie française.

Ah, Algérie française ! Véritable et unique maître mot des putschistes !

La réponse de Saint Marc rappelle un peu la célèbre devise du général Frère, le fondateur de l'ORA mort en déportation au Struthof : « J'obéis d'amitié. » Le respect, le dévouement amical la sous-tendent :

— À une condition : qu'il n'y ait de notre part aucune violence inutile, aucun règlement de comptes, et dans ce cas, mon général, je suis à vos ordres.

Saint Marc ne s'en cachera pas par la suite. Il croit en une Algérie française égalitaire et juste tout en faisant confiance à Challe. Sa vision nationale et sociale double sa fidélité et sa foi en un général qu'il respecte. Il l'avouera sans honte : il a marché par fidélité à Challe, comme beaucoup d'autres, dont Robin.

De retour à Zéralda, Saint Marc convoque ses commandants de compagnie. Après leur avoir rapporté son entretien avec Challe, il leur tient le langage d'un chef :

« Voilà ce que j'ai décidé. Ce que nous allons faire est très grave. Nous y risquons notre peau. De toutes les façons, je prends tout sur moi. Si jamais cela tourne mal, c'est moi qui prendrai la responsabilité de cette aventure. Vous êtes sept commandants de compagnie. Vous êtes adultes. Si l'un de vous a des réticences, je le comprends. Je le consigne dans sa chambre et je fais marcher le régiment sans lui. Nous allons prendre le contrôle d'Alger cette nuit. »

Des réticences, peut-être pas. Des réserves certainement. Le capitaine Coiquaud, ancien du 2e REP et officier d'avenir, vient de passer deux ans en France, à l'ETAP, à Pau. Il a conscience de l'ambiance métropolitaine, de la lassitude face à cette guerre d'Algérie. « Ça ne marchera pas, dit-il en substance, mais je suis solidaire du régiment. » Le capitaine Estoup, commandant la 3e compagnie, interroge sur l'engagement de ses légionnaires et de Sidi-bel-Abbès. Bien que sceptique sur l'issue finale, il partage la décision régimentaire. Le capitaine Carrete vient d'arriver au régiment et se trouve à la tête de la CA. Il est sans illusions lui aussi et le dira dans quelques heures. « Aujourd'hui, je suis là, mais dans huit jours je serai à Fresnes. Mais en attendant, je commande mes hommes pour éviter toute effusion de sang. D'autres pourraient me remplacer qui pourraient déclencher une catastrophe. » Lucide, donc. Mais Carrete, Estoup, Coiquaud, sur le fond, sont de cœur « Algérie française » et ils sont des soldats. Le commandant de Saint Marc a dit « en avant ». Alors en avant ! Que se serait-il passé s'ils avaient répondu « non » ? Joseph Estoup, saint-cyrien de la promotion Garigliano (1949-1951), dans les lendemains de l'affaire, estimera qu'il y aurait eu du sang. Il était bien placé pour juger.

*

Le burlesque se mêle au tragique. La journée du 21 avril s'achève. Dans quelques heures le « clash » se déclenchera avec toutes ses répercussions potentielles. Ce soir-là, le général Saint-Hillier, chef affable et d'un abord facile, reçoit à table avec son épouse. Aucune arrière-pensée politique. Simplement conforter les bonnes relations entre le commandant de la 10e DP et quelques-uns de ses subordonnés. Sont invités le commandant et Mme de Saint Marc, le capitaine Roger Borel, plus ancien capitaine du 1er REP et célibataire ainsi que le ménage Besineau. Les invités savent qu'ils vont devoir arrêter leur hôte plus tard dans la nuit…

À un moment, dans la conversation, sont évoqués les événements récents survenus au 1er REP. Et Saint-Hillier de déclarer amicalement :

— Ah, vous pouvez vous vanter de m'en avoir fait voir !

Et Saint Marc, bon prophète, de lui répliquer :

— Et encore, vous n'avez pas tout vu !

Dans quelques heures Saint-Hillier verra…

À 22 h 30, Saint Marc, qui a l'esprit ailleurs, donne le signal du départ. Saint-Hillier s'étonne de ce retrait hâtif. Le commandant trouve un biais, pas très heureux du mauvais rôle qu'il doit jouer. Il prétexte un violent mal de tête.

*

À 500 kilomètres à l'ouest d'Alger, la fin de journée à Philippeville prend une orientation imprévue.

Une opération d'envergure doit démarrer le lendemain matin dans les Guerbès, vaste étendue forestière et marécageuse en bordure de mer entre Philippeville et Bône. L'endroit quasi inhabité peut se prêter à une implantation rebelle, aidée par la végétation. De gros moyens ont été rassemblés pour nettoyer la région.

Le 14e RCP sautera, ce qui explique la noria des Nord 2501, une grosse vingtaine, au terrain d'aviation de Philippeville. Le 18e RCP, arrivant par mer, débarquera. Le 2e REP fera sa mise en place par roulettes avant héliportage. Le 1er RCP se tiendra en réserve. Ce regroupement de grandes unités, à la veille du 22 avril, alors qu'elles auraient pu se trouver dispersées sur les crêtes ou les pentes des djebels, est curieux. Quelqu'un l'a obligatoirement agencé, mais qui ? Le voile demeure sur le sujet à moins que ce ne soit qu'une opération « citouze », dont le but est de faire obtenir une citation à un officier supérieur en ayant besoin. Une seule certitude, les antennes régimentaires du « clash » ont prévenu leurs camarades : « C'est pour demain. » Personne n'y a vraiment cru. Ce serait trop beau !

Pourtant en cette fin du 21 avril, à la nuit tombée, deux unités désignées pour les Guerbès, les 14e et 18e RCP, prennent la route de Constantine avec une direction lointaine non avouée : Alger.

Peu avant son départ, le colonel Masselot, patron du 18, a prévenu son camarade de promotion, le général Ducournau, commandant la ZSC. « C'est pour la nuit du 21 au 22 ». Ce à quoi il s'est vu répondre : « Je pars en perm'. » Sage prudence ! Elle permettra à Ducournau d'éviter l'orage et de se muer en procureur du roi, en tant que grand nom para, puisqu'un grand nombre des coupables sont des paras. Le mois suivant, au lendemain de l'échec, au fort de Nogent, il acceptera de différencier le bon grain de l'ivraie chez les factieux embastillés. Ceux qui passeront devant le Tribunal militaire auront un billet d'écrou signé Ducournau. L'ambition et la politique ont changé celui dont ses pairs disaient en le voyant accéder au cabinet de Robert Lacoste à Alger en 1956 : « Dommage, il était bien ! » N'était-il pas l'homme de la prise de la batterie du cap Nègre et du fort de Mauvanne lors du débarquement en Provence en août 1944 et du saut sur Lang Son le 17 juillet 1953 (opération Hirondelle) ?

Chapitre VI

Journée du 22 avril à Alger

Comment rapporter ce samedi 22 avril 1961 qui est désormais entré dans l'histoire de France ? Chronologiquement ou localement ? Il faut suivre les deux voies. Évoquer d'abord la journée algéroise où se déroule l'essentiel. Puis revenir sur les événements du jour dans le Constantinois et en Oranie.

L'heure H a été fixée par le planning du capitaine Bayt à 2 heures du matin. Le convoi du 1er REP est censé quitter Zéralda direction Alger par la route côtière d'abord puis doit normalement utiliser les itinéraires de l'intérieur. Sergent et ses camarades métropolitains ont rejoint l'unité et il ne leur est pas nécessaire, comme il était envisagé, de remplacer des défaillants. Tout le régiment unanime suit Saint Marc qui a prescrit « en avant ». Sergent se contente de rouler près de son successeur au commandement de la 1re compagnie, le capitaine Rubin de Cervens, un officier qui a sauté sur Suez en 1956.

À Alger, Gambiez a été alerté de mouvements suspects. Il n'ose croire à la révolte des siens. Vers minuit il a téléphoné à Zéralda. Guiraud est permissionnaire. On lui a passé Saint Marc qui vient de rentrer de sa soirée avec Saint-Hillier.

— Saint Marc, comment ça va ? On me dit que le 1er REP est en ébullition.

— Tout est parfaitement normal, mon général. Non, non mon général, pas le moindre mouvement de véhicules. Tout est calme. Mes respects, mon général.

Gambiez n'est qu'à demi rassuré. Sur le moment, il croit sans trop croire. Des rapports de gendarmerie ne tardent pas à alerter son PC qui rendent compte de véhicules qui forcent les barrages routiers. Personne, évidemment, n'a osé tirer sur des jeeps et des camions militaires transportant des bérets verts.

Gambiez sera accusé de naïveté. À défaut de lucidité, l'ancien commandant du bataillon de choc n'est pas dépourvu de courage. Avec sa voiture, fanion déployé, il fonce au-devant de la colonne signalée sur la route côtière afin de se rendre compte personnellement. Ce général a une âme de voltigeur de pointe. Le lieutenant Durand-Ruel, fils du propriétaire de la célèbre galerie d'art, roule en tête de la compagnie portée du REP dont il a le commandement. Avec l'Indochine derrière lui, cet officier au tableau d'avancement a du métier. La rencontre inévitable se produit, au cours de laquelle les propos échangés entre le lieutenant et le général d'armée resteront fameux.

Le général d'armée Fernand Gambiez s'est mis en travers de la route. Les légionnaires sans ménagement l'empoignent et le mettent à l'écart pour libérer la voie. Le petit général, légèrement bedonnant, s'insurge :

— De mon temps, jeune homme, les lieutenants n'arrêtaient pas les généraux.

La réponse de Durand-Ruel fuse :

— De votre temps, mon général, les généraux ne bradaient pas les empires !

On parlera longtemps, au REP et ailleurs, de cette réplique sur les bradeurs d'empire. Elle marquera Nimbus à jamais, plaquée sur sa tunique, même s'il est vrai que ce général méritait mieux et obtiendra des honneurs seconds par la suite.

Dans l'immédiat, les centurions révoltés se dressent contre les bradeurs, comme les a définis le lieutenant Durand-Ruel. Pour leur malheur, il y en a beaucoup. Après l'échec de sa tentative, où il avait fait confiance à tant de promesses de soutien, Challe, amer, avouera, « Je ne pensais pas qu'il y avait tant de salauds dans l'armée française. » Les hommes ne sont que des hommes et l'habit ne fait pas toujours le moine, c'est bien connu. Il est plus facile d'obéir que de se révolter. Les partisans de Charles de Gaulle en juillet 1940 en savent quelque chose. On se souvient de la réflexion de leur chef à cet égard : « Le tronçon du glaive était fortement trempé, mais, Dieu, qu'il était court ! »

*

Les véhicules du REP, ceux du GCPRG et de la BAP/AFN roulent vers Alger pour mettre ces bradeurs hors course.

Le REP est transporté par les bahuts du GT 50 du lieutenant Gory. Les chauffeurs sont des appelés du contingent et ne se posent pas de questions. Ils ont tellement l'habitude de travailler avec les légionnaires qu'ils ont un peu le sentiment d'appartenir à la même famille. Ils souffrent lorsque, une opération terminée, ils ne revoient pas tous ceux qu'ils ont véhiculés. Sur son parcours vers Alger, le REP n'est confronté qu'à deux incidents, outre sa rencontre brutale avec Gambiez.

La 1re compagnie du capitaine Rubin de Cervens, à laquelle Sergent s'est donc joint, force les portes du corps d'armée d'Alger implanté à la caserne Pélissier, place Mermoz, dans les bas quartiers à l'entrée ouest de la ville. Prévenu, Vézinet était sur ses gardes, mais les factionnaires ne sauraient résister à l'irruption en force des légionnaires. Bloqué dans son bureau, il fait mine d'ouvrir un tiroir pour en tirer un pistolet. Que n'a-t-il fait ! Un légionnaire saisit le portrait du président Charles de Gaulle trônant en bonne place et en coiffe Vézinet. Par la suite les putschistes chanteront sur l'air de *Rien de rien* d'Édith Piaf avec des paroles adaptées : « Vézinet encadré ! » Les cadres déplorent cette violence mais le très gaulliste Vézinet se retrouve hors course. Le général Petit, putschiste, le remplacera en titre.

La 3e compagnie du capitaine Estoup a reçu mission d'occuper l'émetteur radio de la RTF d'Ouled Fayet, soit à une vingtaine de kilomètres au sud-ouest de la ville. Vers 2 h 30, Estoup aborde l'émetteur. De palabres en palabres, il pénètre dans les locaux sans effusion de sang. Soudain, un message radio de l'adjudant Giubbi, chef de la 4e section. Giubbi a vu une ombre suspecte, a fait des sommations et tiré. Son feu a fait une malheureuse victime, la seule du « clash », le maréchal des logis chef Pierre Brilland. Que s'est-il passé exactement ? Estoup s'interroge encore. Manque de sang-froid de Giubbi ou peut-être ivresse de l'un de ses hommes que Giubbi aurait couverte[1].

Partout ailleurs, les choses se déroulent correctement, sans incident. Les arrivants trouvent souvent des complicités officielles ou tacites tant les esprits sont « Algérie française ».

Toujours au 1er REP, la 4e compagnie du capitaine Bonelli a occupé sans coup férir la résidence de l'amiral Querville. Seule déconvenue, l'amiral a réussi à filer discrètement et s'est réfugié à l'Amirauté. La compagnie d'appui du capitaine Carrete à Hussein Dey est entrée sans dommages dans l'école de police. Bon nombre de CRS sont des enfants du pays. L'accord s'est trouvé facilement. Carrete et le commandant de

1. Voir Joseph Estoup, *Lits de cendres. Témoignage*, Yvelinédition, 2018, p. 208.

la compagnie de CRS ont bu le verre de l'amitié. En prime, Carrete a récupéré des armes appartenant à la Sûreté nationale. Ce qui ne dérangeait pas les CRS !

Note folklorique, Saint-Hillier déboule très en colère, escorté par Besineau et une poignée de légionnaires. Il entend garder le commandement de sa division, car n'est-il pas lui aussi « Algérie française » ? Sur le moment, personne ne l'écoute. Pourtant, il est sincère. Peut-être une bonne recrue de perdue.

Au GCPRG, un peu avant 3 heures du matin, Forhan peut annoncer avoir mis la main au palais d'Été sur Morin, délégué général, Buron, ministre des Travaux publics, des Transports et du Tourisme, et des hauts fonctionnaires.

Effectivement, au palais d'Été, le capitaine Mura et les lieutenants Basset et Mertz avec leurs paras ont réglé rapidement l'affaire. Morin s'est retiré, prisonnier de fait, dans ses appartements privés à l'étage. Buron, réveillé en sursaut, s'est empressé de s'habiller pour ne pas apparaître en pyjama. Morin et Buron neutralisés, le pouvoir gouvernemental à Alger n'est plus représenté au sommet.

Le GCPRG ne s'en est pas tenu là. Il a investi la villa de Gambiez à El Biar, pendant que son propriétaire était sur la route entre Alger et Zéralda. La prise du GG, celui du 13 mai 1958, son occupation plus exactement, n'a été qu'une formalité puisque les locaux avaient perdu toute importance et que personne ne se souciait de les défendre. Non inscrits dans le programme, ils ont été intégrés au dernier moment.

Les commandos parachutistes de l'air du colonel Emery se sont joints à l'action. Plus exactement le commando 40 soit un sur les cinq, les quatre autres continuant à arpenter le djebel. Ce CP 40 du lieutenant Trouillas, en plein accord avec Emery, neutralise le PC de la ZNA à Fort-de-l'Eau. Opération réalisée avant 2 heures du matin qui permet à Trouillas de capturer le général Gombaud commandant la ZNA. Le colonel Boquet, compagnon de la Libération, commandant du secteur de Fort-de-l'Eau, est intercepté peu après mais réussira à s'éclipser malgré un bras gauche perdu durant les combats de 1940[2].

Chez les paras de la BAP, tout s'est déroulé sans casse. Le capitaine Clédic a pris possession du central téléphonique Mogador, au cœur d'Alger et proche de la rue d'Isly. Le commandant Vailly et le capitaine Mosconi, qui clopine à la suite d'un accident de saut, ont neutralisé un gros morceau, Fort-l'Empereur. Les gendarmes n'ont pas tiré. Tombent entre les mains des bérets rouges de gros bonnets de la gendarmerie dont le célèbre colonel Debrosse[3], futur tortionnaire

2. François Boquet (1913-1987) sera, par la suite, membre du Tribunal militaire qui jugera les adversaires du général de Gaulle, dont Jean-Marie Bastien-Thiry. Il terminera général de corps d'armée.

3. La petite histoire rapporte qu'il aurait été bousculé. C'est très plausible étant donné l'animosité ambiante à l'encontre de ce personnage, patron des gardes mobiles d'Alger.

des militants « Algérie française ». Mme Salasc, épouse d'un médecin réputé d'Alger et mère de cinq enfants, soupçonnée d'avoir hébergé le général Salan, sera l'une de ses victimes. Mais d'autres passeront entre ses mains et celles de ses sbires.

La nuit a été courte pour tout le monde. Aussi bien pour les insurgés que pour leurs prisonniers. Hormis les deux incidents relatés, caserne Pélissier et Ouled Fayet, tous les points visés ont été occupés sans dommages. Les cadres se sont efforcés d'imposer à leurs hommes la plus grande correction. Règle globalement observée.

Au matin du 22, Challe et Zeller s'installent au quartier Rignot, siège de l'EMI. Toutes les têtes militaires ou civiles – civiles surtout – d'hier se retrouvent en état d'arrestation :

– *Les militaires* : généraux Gambiez, Vézinet, Saint-Hillier, Gombaud, Leroux, ce dernier directeur du génie ; colonels Bazancourt, justice militaire, Debrosse, commandant des gardes mobiles, Moullet, patron du secteur Alger-Sahel, Degas, chef du 2e bureau Alger, Ceccaldi, commandant la gendarmerie à Alger, Artignan, adjoint de Ceccaldi, d'Astorg et Faig, gendarmerie. Soit au total treize.

– *Les civils* : Morin, le délégué général[4], Robert Buron, ministre des Transports et des Travaux publics

4. Morin, bien que prisonnier de fait à la Délégation générale, avait durant une partie de la nuit pu converser avec Paris, sa liaison téléphonique ayant échappé

en visite à Alger, Janin, préfet de police, Aubert, directeur de la Sûreté, Verger, directeur de cabinet du délégué général, Planty, chef de cabinet du DG, Jourdan, procureur de la République, Le Guilloux, directeur de la construction à Alger, L'Helguen et Lefebvre, membres du cabinet du DG, Raybois, président de l'Association pour le soutien au général de Gaulle. Soit onze personnes

Tout ce beau monde est bien gênant. Les garder correctement n'est pas facile. Aussi est-il décidé de les éloigner et de les transférer loin dans le Sud, dans les sables sahariens, à In-Salah très exactement[5]. Ils y seront gardés par un escadron saharien de Légion. L'organisation pratique d'un tel mouvement exigera du temps. Quarante-huit heures.

*

À 7 h 13, un bref communiqué de Radio France, nouveau vocable de France V, surprend les Algérois à leur réveil :

« Ici Radio France. Cette nuit même l'armée a pris le contrôle de l'Algérie et du Sahara. L'opération s'est déroulée suivant le plan prévu sans un seul coup de feu. L'Algérie française n'est pas morte. Il n'y a pas, il

---

à ses gardiens qui ne devaient la couper que vers 5 heures. Il avait également alerté les Igames d'Oran et Constantine.

5. In-Salah, oasis saharienne, 1 100 kilomètres au sud d'Alger. Lyautey et le père de Foucauld s'y étaient côtoyés en 1905.

n'y aura jamais d'Algérie indépendante. Vive l'Algérie française ! »

Des marches militaires, le *Chant des Africains* suivent. Tout est loin d'être exact dans ce communiqué, dont le contrôle de l'Algérie et du Sahara ! À cette heure, bien peu peuvent en contrôler la véracité.

Suit bientôt une déclaration du général Challe :

« Officiers, sous-officiers, gendarmes, soldats, marins, aviateurs des forces françaises d'Algérie, ici le général Challe qui vous parle.

« Je suis à Alger avec les généraux Zeller et Jouhaud, et en liaison avec le général Salan, pour tenir notre serment, le serment de l'armée de garder l'Algérie, pour que nos morts ne soient pas morts pour rien.

« Un gouvernement d'abandon nous apprenait successivement : l'Algérie française, l'Algérie dans la France, l'Algérie algérienne, l'Algérie indépendante associée à la France. Il s'apprête aujourd'hui à livrer définitivement l'Algérie à l'organisation extérieure de la rébellion. Est-ce là la paix annoncée ? Ne sait-il pas qu'il ne saurait y avoir de garantie, même militaire, de libre choix, pas plus que de liberté et de justice, dans une organisation totalitaire ?

« Il a même refusé de faire la paix avec certains rebelles de l'intérieur, prêts à cesser le combat. Nous en avons, hélas, les preuves.

« Sachant tout cela, voudriez-vous renier vos promesses, abandonner nos frères musulmans et européens, abandonner nos cadres, nos soldats, nos supplétifs musulmans à la vengeance des rebelles ?

« Voudriez-vous que Mers el-Kébir et Alger soient une fois de plus, demain, des bases soviétiques ?

« Voulez-vous une fois de plus, la dernière, amener votre drapeau, alors que vous auriez tout perdu, même l'honneur ?

« Mais je vous connais tous, et je sais quels sont votre courage, votre fierté, votre sens de l'honneur et du devoir ; la discipline qui fait notre force ne saurait en aucun cas conduire au déshonneur. L'armée est, avant tout, au service de la France et garante du territoire national.

« L'armée ne faillira pas à sa mission et les ordres que je vous donnerai n'auront jamais d'autre but. »

Cette proclamation sera dans la matinée affichée, bordée de tricolore, dans les rues d'Alger.

Challe, Jouhaud, Zeller, aucun problème. Ils avancent la main dans la main. Challe et Jouhaud se tutoient, le premier était l'« affreux » du second à Saint-Cyr. « En liaison avec le général Salan » a été ajouté à la demande de Gardy, qui connaissait la susceptibilité du Mandarin et voulait assurer la cohésion de l'équipe de direction.

Le communiqué de Challe a été enregistré la veille. « Algérie française » est bien son maître mot. Et il ne s'adresse qu'à l'armée. Son rédacteur, installé au quartier Rignot, bâtiment militaire, et non au GG, bâtiment civil, entend rappeler par là qu'il est avant tout un soldat venu dans un dessein précis : garder l'Algérie française. Sans tarder, il constitue son équipe officielle. Le colonel Coustaux, polytechnicien, ancien commandant du 1er RCP, assume les fonctions de chef d'état-major. Le commandant Guy Perrier du GCPRG se glisse habilement dans celles de chef de cabinet. Aucun civil dans leur sillage. Dans l'immédiat, les deux autres généraux se partagent le travail administratif. À Zeller la logistique avec la question des gros sous, à Jouhaud la liaison avec la population. Challe est indiscutablement le grand patron. Que se passera-t-il lorsque Salan, son aîné et prédécesseur[6], débarquera ? La question de la primauté se posera et Salan risque d'être beaucoup plus souple dans les rapports avec les civils. Pour l'heure – est-ce la meilleure méthode ? –, Challe s'accroche à son téléphone. Il passera sa journée à essayer de convaincre des responsables qui attendent de voir le sens du vent.

*

En cette matinée du 22, alors que tous les VIP de la veille ont été rassemblés dans l'attente de leur sort, se produit un incident caractéristique de la détermination farouche d'un putschiste. Le seul, semble-t-il, à posséder une telle rigueur.

Roger Degueldre a participé aux opérations de la nuit et procuré des jeunes pour guider certaines colonnes dans les rues d'Alger. Son pistolet MAC 50

6. Raoul Salan est de 1899, Maurice Challe de 1905.

à la main, il entre dans le bureau de Godard qui s'est intronisé patron du corps d'armée d'Alger. Godard, à quarante-neuf ans, a la carrure de l'emploi, nul n'en disconvient.

— Mon colonel, j'ai à côté Gambiez, Morin et quelques autres salopards... Je vais aller les flinguer !

— Degueldre, vous êtes fou !

— C'est bon, c'est foutu, je replonge dans la clandestinité !

Et Roger Degueldre de s'éclipser après avoir lancé, de colère, son pistolet au travers de la pièce[7].

Degueldre a-t-il raison ? Franco arrivant à Tétouan en 1936 avait fait fusiller tous les officiers qui refusaient de le suivre. Challe veut un putsch propre et sans bavures mais Degueldre est certainement le seul vrai révolutionnaire du 22 avril 1961.

*

Est-il besoin de dire qu'au matin du 22 avril, les trois quotidiens algérois exultent. *l'Écho d'Alger*, *le Journal d'Alger*, *la Dépêche quotidienne*, photos à l'appui, rapportent le « clash ». L'événement ne peut évidemment que trouver leur approbation totale et enthousiaste. À coup sûr, leurs lecteurs apprécieront textes et photos. Deux d'entre eux, après l'échec, le paieront de leur disparition. Seule *la Dépêche* subsistera. Pour un an...

7. Entretien avec l'auteur en 1962. La personnalité de Degueldre rend le propos plus que crédible. Il aurait fait ce qu'il annonçait.

En cette journée du 22 qui conforte les tenants de l'Algérie française, l'OAS naissante voudrait se manifester. La position de Challe est stricte. Pas de civils ! Les Européens n'ont qu'un droit : se féliciter de l'événement. Naturellement, ils ne s'en privent pas. Ils se manifestent concrètement par les coups de klaxon, trois brèves, deux longues, depuis leurs voitures[8]. Des drapeaux tricolores jaillissent aux balcons et aux fenêtres. Le sursaut auquel on ne croyait plus est advenu, c'est miraculeux ! Les Musulmans, pour leur part, attendent en silence, laissant les Français se débrouiller entre eux.

Ceux des civils qu'on appellera les « activistes » ont dans le désordre administratif du moment réussi une chose. Ils ont fait libérer les leurs qui étaient incarcérés. Va ainsi se retrouver en liberté et quelques jours plus tard « en cavale » dans le Grand Alger un garçon comme Claude Peintre, auteur présumé de l'attentat le 25 janvier contre maître Popie, un avocat libéral. Ces « activistes » veulent manifester qu'ils existent. Un ou deux PC s'organisent, brandissant l'étiquette OAS, mais le vrai pouvoir, pour l'heure, ne leur appartient pas. Les « activistes » doivent se contenter de palabrer. Sous le soleil nord-africain on aime les palabres…

*

8. Les brèves et les longues de ces ti ti ti ta ta correspondent à : « Al-gé-rie fran-çaise ! »

Au soir du 22 avril Maurice Challe a des raisons d'être à la fois satisfait et inquiet. *A priori*, il tient bien Alger et la Mitidja. En revanche rien n'est réglé dans le Constantinois et en Oranie ainsi que dans le djebel algérois.

Dans le corps d'armée d'Alger, celui du général Vézinet, si le colonel Roca s'est rallié ainsi que le commandant Loustau à la tête d'un EMT du 1er RIMa, le général Simon, à Tizi-Ouzou, refuse tout accord. N'est-il pas compagnon de la Libération ? Deux autres compagnons comme lui ont pris le maquis, les colonels Boquet à Aïn-Taya et Lavergne à Blida. Une résistance antiputschiste s'organise ainsi dans la ZNA. À Médéa, le général Arfouilloux, qui commande la ZSA, prudent, se contente d'envoyer son adjoint, le colonel Goubard, à Alger pour observer, ce qui n'engage à rien. Prudence également à Orléansville, PC de la ZOA. Le général Prieur hésite un moment, paraît se rallier puis s'oppose. Ainsi, rien n'était gagné pour Challe dans le CA d'Alger si dans la journée n'était intervenu le ralliement du 22e dragons du colonel Puga[9] à Bouira qui a envoyé deux de ses escadrons à Alger pour soutenir Challe.

Et de Gaulle n'a toujours pas réagi ? Si. Il a pris une décision : envoyer le ministre Louis Joxe et le général Jean Olié sur le terrain. Il estime, à juste titre, avoir fait avec eux le « bon choix ».

9. Père de l'actuel grand chancelier de la Légion d'honneur.

Louis Joxe, soixante ans, est un « baron » du gaullisme. À cet homme de confiance, de Gaulle a confié le ministère d'État chargé des Affaires algériennes. Ce ministre sera ainsi lié de très près à la fin de la présence française en Algérie, dans le cadre du 22 avril 1961 d'abord puis dans celui des accords d'Évian en 1962 qui déboucheront sur la fin relative du conflit et sur la mort de près de cinq cents militaires français, tués après le 19 mars 1962, fin officielle de la guerre d'Algérie.

Jean Olié, cinquante-sept ans, est un brillant sujet, premier partout. En 1961, il est au sommet de la hiérarchie de l'armée française et se doit d'exécuter les ordres de l'Élysée. Au fond de lui, il a un faible pour la Légion où il a servi à plusieurs reprises. Jeune officier au Maroc dans les années 1920, colonel commandant le RMLE en 1945, patron à Sidi-bel-Abbès en 1950. Ce soldat se montre constamment un grand et parfait honnête homme. Blessé par des mesures qu'il n'approuvera pas, il démissionnera en août 1961.

Le 22 au matin, Joxe et Olié se disposent à partir. Une *Caravelle*, joyau récent de l'aviation française, les attend. Déjà, pour son premier déplacement en Algérie, de Gaulle l'avait utilisée le 4 juin 1958. Olié part comme commandant en chef en Algérie en remplacement du général Gambiez « empêché ». Bel euphémisme !

*

L'essentiel se déroule à Alger. Chacun, à tous niveaux, en est convaincu. Dans le tumulte de la capitale algéroise, un événement est passé quasi inaperçu. Challe n'avait aucune intention particulière pour Paris. Il s'était contenté de laisser sur place une petite équipe afin de préparer et déclencher une éventuelle suite. Rien de précis n'avait été déterminé pour le 22 avril et ses lendemains. Ce serait en fonction de l'évolution algérienne. Ce petit groupe était placé sous la tutelle de Faure, général de division dont l'aviateur Challe se méfiait quelque peu. Faure avait regroupé des militaires et quelques civils sympathisants.

En réalité, le pouvoir savait ce qui allait se passer aussi bien à Alger qu'à Paris. Une fois le « clash » déclenché en Algérie, il dispose de tous les atouts pour neutraliser les comploteurs métropolitains, principalement parisiens. Le 22 avril, à l'heure du laitier, ceux-ci sont interpellés sans la moindre difficulté. Dans le coup de filet : le général Faure, le colonel Vaudrey, le commandant Casati, le commandant Bléhaut, le commandant Mouchonnet, le capitaine de Saint-Rémy.

Tous ces officiers ont le côté gauche, celui des décorations, bien garni. Un côté gauche, ça compte beaucoup pour des militaires. Vierge ou presque, vous n'êtes pas pris au sérieux. Faure, le chasseur alpin, le para, cinquante-sept ans, sportif de haut niveau[10], a

10. En 1936, aux Jeux olympiques d'hiver de Garmisch-Partenkirchen, il était porte-drapeau de la délégation française.

été à Narvik, en Sicile, en France, en Grande Kabylie. C'est une personnalité remarquée dans le monde militaire. Roland Vaudrey, quarante-neuf ans, avec pour autres prénoms Annibal Scipion d'où ses pseudos, est un grand soldat d'Indochine et s'est largement manifesté au 13 mai 1958. Ce colonel, honnête et sincère, aligne 17 citations. Un vrai soldat !

Les autres officiers sont moins connus tout en alignant également de beaux titres de guerre. Bléhaut et Mouchonnet sortent de l'École de l'air. Avec ces militaires se trouvent un préfet en congé spécial, Joseph Léger, et un médecin, Henri Cathala. La mise à l'ombre de ces personnalités permet d'utiliser une formule « pied-noire » : ce qu'on baptisera « le complot de Paris a fait « tchou-fa ». Il ressurgira avec d'autres têtes…

Les interpellés auront des destins variables. Faure logera à la Santé et à Tulle jusqu'en avril 1966. Vaudrey, profitant d'une visite à l'hôpital, s'éclipsera et rejoindra l'OAS Alger. La mort prendra en exil ce soldat sincère, initiateur malheureux de la marche tragique du 26 mars 1962 à Alger. Le commandant Casati mourra en prison. Le capitaine de Saint-Rémy parviendra à filer.

*

L'arrestation de l'équipe du complot de Paris n'enlève rien à l'assise militaire du « clash ». Dans les garnisons de métropole ou d'Allemagne, les cadres officiers s'enthousiasment. Dans les écoles militaires, ils cachent mal leur satisfaction. Que ce soit dans les bataillons de Saint-Cyr à Coëtquidan ou dans les classes du prytanée militaire à La Flèche, mêmes applaudissements. Au « vieux bahut » fléchois, le corps enseignant est loin de marcher au même pas... Paradoxe de cette bonne école, en 1951, une classe préparatoire à Saint-Cyr avait pour professeur de philosophie un communiste ; un professeur de sciences naturelles se moquait de ceux qui entraient en corniche et parlait sur un petit ton ironique de la « crème » qui allait en Cyr...

Cette adhésion quasi massive des cadres, à 90 % peut-être, qui se retrouvera souvent quelques mois plus tard au sujet de l'OAS, n'enlève rien à l'essentiel. Le contingent métropolitain est loin d'approuver et il rejoint en cela celui d'Algérie.

En France quelques mouvements envisagés, fondés sur des soutiens militaires, n'ont été que feux de paille sans gravité. Des groupes de jeunes, ayant revêtu des tenues militaires, se sont rassemblés en divers endroits de la région parisienne. Peut-être étaient-ils dans les deux mille à attendre des ordres qui ne sont pas venus. Sagement ils sont rentrés chez eux. La France profonde n'a pas bougé dans la nuit du 22 avril.

Chapitre VII

Le 22 avril dans le Constantinois

Le général Gouraud, commandant du corps d'armée, constitue la cheville ouvrière essentielle dans le Constantinois. Dans cette région, marquée par une lutte intense contre la rébellion et la présence d'unités d'élite, parachutistes et légionnaires, la balance hésitera devant les hésitations du chef.

Polytechnicien, le général de corps d'armée Michel Gouraud, cinquante-six ans, est le neveu du glorieux Gouraud, le manchot de 14-18. Malheureusement, il manque à ce général, intelligent et foncièrement droit, cette vertu des temps difficiles dont parle de Gaulle dans *le Fil de l'épée*, le caractère. Pris entre deux engagements, Algérie française et discipline, il ne cessera d'osciller. La situation dans son fief constantinois se ressentira de ce mouvement pendulaire, hésitant un moment avant de se stabiliser dans l'obéissance hormis les régiments paras, sauf un.

Pressenti pour participer au « clash », il a donné son accord. *A priori*, il semblait sincère. Le 21 vers 19 heures, Argoud arrivé la veille en Algérie entre dans son bureau de Constantine. Il ne lui dissimule rien :

— Mon général, un putsch éclatera la nuit prochaine à Alger. Le général Challe en assume le commandement. Il arrivera dans quelques instants en Algérie. Vous faisant confiance, étant donné vos multiples engagements, je suis venu de ma propre initiative vous demander de vous joindre à nous.

L'intéressé blêmit, cherche des faux-fuyants avant de finir :

— Prenez votre temps, ne précipitez pas votre mouvement sur Alger.

Argoud sort. Gouraud pourrait le faire arrêter mais n'en fait rien. Argoud, par la suite, écrira : « Trop honnête, moralement, pour se dresser contre nous, trop faible pour venir à nos côtés, il sera ballotté pendant trois jours au gré des contradictions qui le tiraillent. » Il ne cessera d'osciller d'un camp à l'autre, méritant, le jour de son procès, ce jugement du président du tribunal : « Mon général, vous avez trahi les deux camps[1]. »

1. Attitude résumée dans le journal *le Monde* du 21 juin 1961 : « Se ralliant à Challe pour lui dire une demi-heure après qu'il n'était plus d'accord, promettant fidélité au général Olié et à M. Joxe le jour où ils passent à Constantine, mais peu après, cédant à Zeller lorsque ce dernier se présente pour obtenir sa participation effective au mouvement. »

Au matin du 22 avril, des échos divergents lui parviennent de ses subordonnés. À Bône, le général Ailleret s'est dans un premier temps montré favorable au « clash » puis fait marche arrière au fil des heures. À La Calle, le colonel Buchoud s'affirme plus que sympathisant. Fidèle à son tempérament généreux, il s'enthousiasme. À Djidjelli, le colonel de Boissieu, cousin d'Alain de Boissieu gendre du général de Gaulle, connaît fort bien Challe. Il a été son chef d'état-major en 1959. Comme son ancien patron il se montre « Algérie française » alors que son supérieur immédiat le général Lennuyeux, commandant la zone Nord-Constantinois, revenant sur ses engagements antérieurs, se déclare hostile. Quant à Ducournau de la zone Sud-Constantinois, on l'a vu partir à temps en permission pour voir l'évolution de la situation.

De fait, cela bouge beaucoup dans le Constantinois. Les 14e et 18e RCP ont quitté l'opération prévue dans les Guerbès et pris la route d'Alger. À Saint-Arnaud (El Eulma) après Constantine, ils rejoignent le 1er REC du colonel de La Chapelle et les harkis d'Edgar-Quinet (Kaïs) du commandant Guizien[2]. Toute cette colonne file par Sétif, Bordj Bou Arreridj. Personne ne tente de l'arrêter. Au contraire, elle prend facilement de l'essence dans les dépôts de ravitaillement en carburant.

2. Bien après l'indépendance, près de Khenchela, à l'est d'Edgar-Quinet, sera découvert un charnier : des harkis et leurs familles, ceux qui n'avaient pu être évacués, auraient payé de leur vie leur adhésion à l'Algérie française. (Ce dossier est très controversé. Le doute persiste sur les origines de ce charnier.)

Les esprits se souviennent du 13 mai qui avait tourné en faveur des révoltés. Alors prudence.

Si le 1er REP était au repos à Zéralda, les autres unités de la 10e DP crapahutaient au milieu des lentisques et des bruyères de Petite Kabylie, dans la région de Djidjelli, sous le commandement du colonel Ceccaldi, l'artilleur de Koufra, compagnon de la Libération. Avec deux compagnons à leur tête, Saint-Hillier et Ceccaldi, les paras de la 10e DP sont théoriquement en bonnes mains. C'est oublier que ces paras à fort recrutement algérois sont très « Algérie française » ainsi que leurs cadres. En toute logique, compte tenu de l'environnement, leurs deux colonels compagnons le sont aussi. Saint-Hillier l'a clamé dans la nuit du 21 au 22, Ceccaldi le prouvera dans la journée du 22.

Zeller, qui s'était rendu à Constantine pour entraîner Gouraud, sur le chemin du retour, fait escale à Djidjelli. Ceccaldi a d'abord quelques réticences puis apporte son adhésion. Il tiendra fidèlement sa parole et trois de ses régiments (2e et 6e RPIMa, 9e RCP) lui emboîteront le pas. Un seul, le 3e RPIMa, ne suit pas. Son chef, le colonel Leborgne, refuse de marcher dans une affaire à laquelle il ne croit pas. Leborgne promet seulement une neutralité absolue. Position habile qui sera celle de nombreux autres… (Leborgne, par la suite, aura ses quatre étoiles). Dans la journée du 22, trois régiments paras supplémentaires, derrière Ceccaldi, sont ainsi entrés en dissidence. Il est possible d'écrire qu'à l'exception du 3e RPIMa tous les paras des deux DP ont marché en rappelant que leurs rangs, à l'exception des deux REP, étaient à base de soldats du contingent[3].

*

À Philippeville, les paras des Guerbès, ceux qui ne sont pas partis avec Masselot et Lecomte, apprennent vers 7 heures les événements d'Alger. Les esprits s'enflamment. Il faut rallier Challe ! Pour le 1er RCP, indicatif Pascal, du colonel Plassard, le problème est vite réglé. Sur ordre d'Alger, il embarque direction la capitale algéroise dans les 25 Nord 2501 de l'opération Guerbès[4]. Il rejoint donc sa ville préférée où, du reste, il ne jouera pas un grand rôle, ce qui lui épargnera des ennuis au final. Il recevra simplement mission de garder des points sensibles et de stationner au centre-ville et à Hussein-Dey avant de rentrer à Philippeville par la route. Pourtant, il était très « Algérie française » à tous niveaux, troupe et cadres. Mais que pouvait-il faire de plus ?

Le 2e REP, au camp Péhau, subit, sans s'en féliciter, le commandement d'un colonel gaulliste, Darmuzai, Petit Pierre. Lequel Darmuzai, prudent, s'est contenté de déclarer en substance à ses officiers, dans la journée du 22 : « Le moment venu, chacun choisira en conscience. » Position ménageant l'avenir et qui sera

---

3. Dans ces deux DP, cavaliers et artilleurs des 13e RDP, 1er RHP, 35e RALP, 20e GALP sont également favorables.

4. L'escadron et le train régimentaire partent par la route, ce qui facilitera le retour.

générale. Puis, à la nuit tombée, Petit Pierre est rentré dormir chez lui en centre-ville. Le lendemain matin, il se retrouvera tel Soubise. Les capitaines ont profité de son absence pour partir, véritable désertion dans le contexte du moment, car Petit Pierre n'ignorait en rien les sentiments de ses officiers. Il les avait entendus s'exprimer largement sur le sujet, affirmant lors d'obsèques de leurs légionnaires qu'ils étaient tombés pour l'Algérie française. Ils ont mis le régiment en route, sans colonel, ni commandant[5], pour Alger. À la sortie du camp Péhau, le général Autrand, « Mimille » pour les intimes, en pyjama sous sa capote, a vu partir sans s'y opposer le régiment formant avec le 8e RPIMa la colonne dont le colonel Bréchignac, « le Brech », chef d'état-major de la 25e DP, avait pris le commandement. « Le Brech » se range dans la catégorie des très glorieux soldats. Saint-cyrien, prisonnier évadé en 40, il commande une compagnie dans l'armée de Lattre en 44-45. Après quoi l'Indochine dans les paras. Dans la nuit du 3 au 4 avril 1954, il saute sur Diên Biên Phu. Rescapé, il commande le 9e RCP en Algérie après Buchoud. L'intellect chez lui égale le courage et le caractère. Chef d'état-major de la 25e DP, il apparaît comme l'un des futurs patrons de l'armée française. Le 22 avril 1961, il a quarante-six ans.

Le commandant Cabiro, « le Cab », commandant en second du 2e REP, alerté par le capitaine le plus

5. *L'Honneur, pas les honneurs*, tome I, *op. cit.*

ancien, Bernard Amet, rejoindra ses hommes à Sétif. La carrière de ce glorieux soldat (18 citations), évadé de France, blessé à Diên Biên Phu, se terminera là. Il aura toutefois la satisfaction de porter la main du capitaine Danjou à Aubagne le 30 avril 1979[6].

Au soir du 22, le Constantinois se trouve dans une situation paradoxale. Gouraud joue au yo-yo. Un moment d'un côté et bientôt d'un autre. À 22 heures, il adresse un télégramme à ses troupes :

« Je demande à tous de comprendre l'extrême gravité de la situation du fait des événements survenus à Alger et qui ne peut qu'entraîner une rupture totale avec la métropole. Stop. Je n'approuve pas l'action qui vient d'être déclenchée et je considère que le loyalisme envers le gouvernement de la République est capital. Stop. En conséquence j'ordonne à toutes les forces armées placées sous mon commandement de cesser toute relation avec l'état-major d'Alger. Stop. Vous n'avez d'ordres à recevoir que de moi et je me suis placé sous l'autorité du commandant en chef désigné par le gouvernement : le général Olié. Stop et fin. Signé Gouraud. »

Un peu moins de vingt-quatre heures après, le 23 en fin d'après-midi, un autre TO annoncera :

6. Porter la main le 30 avril, anniversaire du combat de Camerone, est l'honneur suprême que la Légion réserve à l'un des siens.

« Le présent message annule le message diffusé le 22 avril 1961. Le général Gouraud, commandant la région territoriale et le corps d'armée de Constantine, se place avec toutes ses unités aux ordres du général Challe, commandant en chef interarmées en Algérie. Signé Gouraud. »

Et les marches arrière ne sont pas terminées.

*

Les régiments paras, sauf un, le 3e RPIMa de Leborgne, se sont ralliés. Des patrons locaux sont d'accord (Buchoud, Boissieu, ce dernier toutefois avec des nuances), d'autres non (Ailleret, Lennuyeux lequel pourtant avait auparavant annoncé qu'il était favorable). Les autres attendent d'y voir clair.

Le commandant en second de la 25e DP, le colonel Fourcade, a pris un hélicoptère pour rejoindre les 14 et 18. Il sort sans résultat de la rencontre avec Masselot, aux abords de la Soummam, au débouché des Portes de Fer. Son rôle le 22 avril s'arrêtera là. Il aura ses étoiles…

Le « clash » dans le Constantinois a encore fait une bonne recrue : le 2e REC du colonel de Coatgoureden. Mais, positionné à Djelfa, il est bien loin dans le Sud (300 kilomètres d'Alger, avec l'Atlas à traverser). Le ralliement du 2e REC, sans avoir toutefois de conséquences pratiques, causera des ennuis à son chef de corps. Le colonel de Coatgoureden devra quitter l'armée. Ce « clash » aura fait de nombreux dégâts dans l'armée.

Il y a encore d'autres unités de Légion dans le Constantinois. La 13e DBLE, est commandée par le colonel Vaillant, gaulliste. Elle ne bougera pas en dépit des sentiments de ses cadres. Le 4e REI, avec ses compagnies portées, travaille de Tébessa à Negrine. Trop dispersé, lui non plus ne bougera pas.

Chapitre VIII

Le 22 avril en Oranie

Le « clash » en Oranie s'est joué autour de trois personnalités ; le général de Pouilly, les colonels Brothier et Argoud. Un quatrième larron, le général Gardy, a tenu un rôle plus falot.

Le général de Pouilly, commandant le CA d'Oran, est un homme malheureux et déchiré. Il a perdu son fils, Jean, cyrard promotion « Maréchal de Lattre », en Algérie, en 1957. Ce fils serait-il mort pour rien ? Soldat, il estime devoir être discipliné et le sera à son cœur défendant. En outre, en conscience, il estime sincèrement que le « clash » est sans issue. Mme de Pouilly le dira à Masselot qu'elle connaît de longue date[1] : « Mon mari est de tout cœur avec vous, mais votre affaire est trop mal embarquée. »

1. En 1956-1957, le colonel de Pouilly commandait le secteur autonome de Tébessa où intervenait le 2e REP ayant Masselot pour commandant en second.

De son côté, le colonel Brothier donne l'image d'un personnage équivoque. Patron respecté du 1er RE à Sidi-bel-Abbès et autorité reconnue à la Légion, cet ancien commandant du 1er REP, après s'être déclaré « Algérie française », se retirera sous sa tente pour éviter de se ranger trop nettement dans un camp ou dans l'autre. Attitude pour le moins curieuse et peu glorieuse. Le général Jouhaud et des officiers de Légion verront en lui l'un des grands responsables de l'échec du « clash » en Oranie. C'est lui donner trop d'importance, mais son revirement a pesé. Le 22 janvier 1961, il avait rencontré Argoud en métropole, à Metz très exactement, et ils avaient envisagé en commun l'avenir. Il avait proposé à Argoud de lui faire traverser la Méditerranée habillé en légionnaire afin de pouvoir se déplacer en Algérie comme il l'entendrait.

Le polytechnicien Argoud ne se présente plus. Colonel plein à quarante-quatre ans, il fait figure de futur patron de l'armée française et il le sait. Il a brûlé ses vaisseaux et s'est engagé sans esprit de retour sur une voie aventureuse et risquée. Une question se pose. Pourquoi[2] ?

Gardy, on l'a vu, a du prestige à la Légion. Mais il est un simple brigadier en retraite, ce qui est trop peu pour se faire entendre des divisionnaires en activité.

*

2. Ses Mémoires, *la Décadence, l'imposture, et la tragédie*, *op. cit.*, apportent une première réponse : Algérie française et haine de De Gaulle.

Après sa visite à Gouraud au palais du corps d'armée dans la vieille ville à Constantine, Argoud s'est joint à la colonne du 1er REC et des 14e et 18e RCP faisant mouvement vers Alger. Sur ordre, par avion, il a gagné Alger, prêt à aller attiser l'incendie là où ce sera nécessaire. C'est là, à la mi-journée du 22, que Jouhaud, le voyant disponible, déclare à Challe :

— Tu devrais l'envoyer à Oran !

— Excellente idée. Tout à fait d'accord, réplique Challe, qui précise à Argoud : Vous prendrez un avion à Boufarik. Vous vous rendrez à Sidi-bel-Abbès où se trouve le général Gardy. C'est lui qui aura le commandement nominal, étant le plus ancien. Mais c'est vous qui commanderez effectivement. Mission : vous emparer d'Oran. Je vous enverrai deux régiments paras dès qu'ils seront arrivés.

(Les deux régiments paras sont les 18 et 14 de Masselot et Lecomte.)

Argoud n'apprécie qu'à moitié cette mission. La position hiérarchique vis-à-vis de Gardy est assez fausse. Qu'importe et preuve supplémentaire que les putschistes tirent les ficelles, un avion dépose Argoud à Bel-Abbès sans problèmes vers 16 h 30.

À son arrivée au quartier Vienot, PC de la Légion, il tombe sur des jeunes officiers qui souhaitent agir. On se doute dans quel sens ! Dans le bureau du colonel discutaient Gardy et le colonel de Baulny adjoint de Brothier lequel est parti à Oran. Baulny réside habituellement à Mascara, centre d'instruction du 1er RE. Il s'est précipité à Bel-Abbès où il pressent qu'il y a mieux à faire, car il marche à fond. D'entrée Argoud propose d'envoyer à Oran la musique de la Légion pour entraîner la foule qui manifeste déjà ses sentiments. Proposition approuvée et ordre aussitôt donné.

Coup de téléphone. Brothier depuis Oran. Apprenant la présence d'Argoud, il le presse de venir pour convaincre Pouilly. Aussitôt, Argoud, accompagné du capitaine Pompidou[3], fonce sur Oran. Il y a près de deux heures de route avant de pouvoir pénétrer dans le bureau du général de Pouilly.

Il n'est pas le seul à se précipiter à Oran. Le capitaine Bonnel, commandant la compagnie d'instruction para de Bel-Abbès, a pris sur lui de s'y rendre également. Ses cadres officiers, dont le lieutenant Bourguin, détaché du 2e REP, et ses sous-officiers partagent ses sentiments « Algérie française ». À 20 h 30, ses GMC roulant moins vite que la VL Argoud-Pompidou, la compagnie Bonnel entre dans Oran. Le lieutenant Bourguin avec trois sections occupe Radio Oran. Il tiendra la station près de trois jours. À 23 heures, Gardy, à son arrivée, pourra lancer un appel à la population. Un seul problème de dernière minute, il n'y a pas de disques de musique militaire pour ponctuer. Beethoven remplacera.

---

3. À trente-huit ans, le capitaine Pompidou est un enfant de Souk Ahras, dans l'Est-Constantinois. Aucune parenté avec le futur président de la République.

Gardy, Bonnel et la Légion tiennent Oran ou en donnent l'impression. Le soutien populaire à cet égard compte. Au Château-Neuf, PC du corps d'armée, Argoud a une longue discussion avec Pouilly qu'il s'efforce d'entraîner. Dialogue de sourds si l'on en croit Argoud dans ses Mémoires qui semble dire vrai :

— Mon général, notre but est de sauver l'Algérie française. Vous savez mieux que personne qu'elle est condamnée par de Gaulle. C'est le combat de la dernière chance. Si nous échouons, vous serez contraint d'accueillir Ben Bella à Oran.

Les répliques se succèdent :

— Vous n'avez aucune chance, Argoud, l'armée ne marche pas. L'Algérie ne pourra tenir seule contre la métropole.

— Du moins elle ne s'opposera pas à nous. Elle ne s'est pas opposée jusqu'à cette minute. Si certains chefs dont vous, mon général, se rallient, alors nous gagnerons la partie.

— Non, vous n'avez aucune chance. L'armée ne marchera pas. C'est impossible. Je ne puis jouer cette carte.

Pouilly ne lâche pas :

— Non, c'est impossible. Faites-moi prisonnier et exécutez votre mission.

Quarante minutes pour rien. Argoud rentre à Bel-Abbès avec le général Perrotat qui y commande la zone Centre-Oranais. Perrotat semble d'accord. En fait, il en est loin. Brothier, rentrant de sa visite à Oran, curieusement, invite Argoud à venir dîner chez lui, repas qui se déroulera en parfaite camaraderie. C'est à n'y rien comprendre. De quel côté penche Brothier ?

Bilan oranais le 22 au soir, rien n'est réglé. Pouilly tient ferme, Brothier, pour l'heure, pactise avec Argoud. Des unités de son régiment sont parties pour Oran sans lui en parler et il ne proteste pas.

Une autre déception attend les conjurés. Ils comptaient sur le général Lhermitte, adjoint de Pouilly à Oran, or il est parti en permission en métropole. On dénombre beaucoup de permissionnaires ce 22 avril. Des prudents, des sages ou simple coïncidence ? Il est parfois des coïncidences très curieuses. La permission du général Ducournau en fournit un exemple.

Par contre l'EMT du commandant Camelin, au 5e REI, sous l'impulsion de son chef, fonce. Les marins de la DBFM, à Nemours, se déclarent favorables. Leur mission sur la frontière leur interdit seulement de s'en éloigner.

*

L'Algérie a sa marine. Celle-ci surveille les côtes, contrôle les navires suspects et participe, dans la mesure de ses moyens, à la bataille terrestre. La DBFM défend avec succès la frontière dans la région de Nemours. Des hélicoptères de l'aéronavale participent à des héliportages. Sans oublier la tristement célèbre base navale de Mers el-Kébir ; 1 297 marins tués le 3 juillet 1940 par les obus de la Navy de la perfide Albion. Les futurs collabos y trouveront une première mauvaise justification.

L'amiral Querville, cinquante-huit ans, est le préfet maritime et assure le commandement de toute cette « Royale » algérienne. Comment ne pas le remarquer ? Querville est compagnon. Il se rangera, en principe, dans le peloton des fidèles de l'Élysée. Un autre marin veut toutefois essayer, sinon de l'entraîner, du moins de le concilier : le lieutenant de vaisseau Pierre Guillaume, trente-cinq ans, au tableau d'avancement pour le grade de capitaine de corvette. Le livre et le film de Pierre Schoendoerffer ont popularisé le « Crabe Tambour », retraçant le parcours indochinois et algérien de Pierre Guillaume. Cette personnalité hors du commun a fait sienne la célèbre formule : « Mon âme à Dieu, mon corps à la patrie, mon honneur à moi. » En outre, Guillaume reconnaissait volontiers ne pas avoir « un goût particulier pour le renoncement et le déshonneur ». En service à l'EMI, sa qualité de marin, son prestige personnel, ses options en faveur du « clash » font de lui l'homme des contacts privilégiés avec les gens de la mer.

Le 22, vers 8 heures, Guillaume prend contact avec Querville réfugié dans l'îlot de l'Amirauté, ce vestige dans le port d'Alger des corsaires algériens du XVIIe siècle. Il réussit à obtenir un entretien Challe-Querville. Vouloir unir ces deux étoilés revient à remplir le tonneau des Danaïdes. Les deux hommes sont aussi sincères l'un que l'autre. L'amiral accepte simplement que la marine poursuive ses activités opérationnelles. Finalement, il préférera prendre du champ. La vedette *P 755* le mettra hors d'atteinte. Direction Mers el-Kébir où il trouvera refuge.

*

Dans cette marine nationale, il est un officier portant un nom connu. Le capitaine de corvette Philippe de Gaulle commande l'escorteur rapide *Le Picard* de 1 700 tonnes depuis le 23 décembre 1960. Il vient d'accoster à Mers el-Kébir. Hors de question que le fils du chef de l'État tombe entre les mains des putschistes. Quel otage ils auraient ! Toutefois il est douteux que le Grand Charles eût plié pour autant. Le sang du vieil Horace coule dans ses veines. À 12 heures, le fiston reçoit ordre de sa hiérarchie de prendre le large au plus vite. Il s'exécute immédiatement. Ouf ! doivent penser ses supérieurs.

*

Durant cette journée du 22, les *missi dominici* élyséens poursuivaient leur mission de renseignement et si possible de rappel de l'obéissance au pouvoir régulier. Vers 12 h 30, leur *Caravelle* se pose sur la base aéronavale de Lartigues, près d'Oran. Elle est jugée plus sûre que le terrain traditionnel de La Sénia.

Le général de Pouilly les attendait avec l'Igame d'Oran. À Oran comme partout, les Igames jouent la légalité. Décision est prise de replier le commandement du corps d'armée sur Tlemcen. Il y sera plus en sécurité qu'à Oran au milieu de la population européenne majoritaire. Et puis Oran est bien près de Bel-Abbès et de ses képis blancs. A Tlemcen, le peuplement européen est très minoritaire.

La *Caravelle* redécolle direction Constantine. La prudence impose un large détour par le sud avec vol au ras des pâquerettes pour éviter les radars. Le trajet devient un vol assez turbulent avant un atterrissage, apprécié, à Télergma, base que de Gaulle avait utilisée en juin 1958 pour aller s'exprimer place de la Brèche à Constantine. Le général Fourquet, ancien des Forces aériennes françaises libres, patron de l'aviation du Constantinois, les accueille. À Oran, les esprits se voulaient prudents. Fourquet, lui, est bien résolu à s'opposer à l'insurrection. Ce gaulliste inconditionnel n'est-il pas compagnon ?

Gouraud, gêné, reçoit les deux visiteurs parisiens. Il ne parvient pas à trancher. Par obligation, il doit inviter ses hôtes à dîner, et il redoute une incursion des paras de la 10e DP qui, depuis Djidjelli, auraient vite fait d'atteindre Constantine et Télergma. Ce qui finalement oblige Joxe et Olié à se replier sur Bône près d'Ailleret dont la position s'est clarifiée. Il s'oppose nettement.

Joxe et Olié ont dû être éloquents. À 22 heures, Gouraud se décide et le fait savoir par son communiqué déjà évoqué.

Les décisions de Gouraud sont comme les roses de Malherbe. Elles ne vivent que l'espace d'un matin, et la nuit porte conseil, dit-on. Le lendemain Gouraud changera à nouveau de casquette.

Et à Paris durant cette journée du 22 avril ?

Le chef de l'État se veut rassurant : « Le plus grave est que cette affaire n'est pas sérieuse. » En est-il si sûr ? Pour preuve, en fin de journée, il fait décréter l'état d'urgence par le Conseil des ministres.

À 13 h 30, le Premier de ses ministres s'était déjà exprimé, énonçant des contrevérités :

« Dans le courant de la nuit et obéissant aux ordres d'un ancien commandant en chef des forces armées en Algérie, des unités de la Légion étrangère se sont emparées des édifices officiels à Alger, ont fait prisonnières des autorités civiles et militaires. Un ultimatum, peu après, était adressé aux généraux commandant les corps d'armée de Constantine et Oran. Cet ultimatum, l'un et l'autre l'ont écarté… »

Ce locataire de Matignon dramatise, attribue aux seuls légionnaires la prise d'Alger et affirme que les commandants de corps d'armée à Oran et Constantine refusaient de se rallier aux putschistes. À la mi-journée du 22 avril, on en est loin, surtout à Constantine.

Ce Premier ministre est bien connu. Il s'agit du nommé Michel Debré qualifié auparavant de « Michou la colère » à cause de ses diatribes. Les hommes politiques échappent rarement au virus malsain de leur profession. Pour leur intérêt électoral ou leur promotion personnelle ils se muent volontiers en caméléons. À cet égard, Michel Debré remporte la palme si l'on se rappelle ce qu'il écrivait quatre ans auparavant dans son journal, *le Courrier de la colère* : « [...] le combat pour l'Algérie française est le combat légal, l'insurrection pour l'Algérie française l'insurrection légale... »

Certains, non sans raisons, le regarderont comme le père spirituel de l'OAS. Voici que, quatre ans après ses catilinaires, il détricote la trame qu'il a tissée. Bel exemple de rectitude morale, car il sait qu'il œuvre contre ce qu'il prônait, l'Algérie française. Avec son mentor élyséen, il marche gaillardement vers l'Algérie algérienne. Avec ses antécédents, il eût été honnête, à défaut de se rebeller, qu'il se retire sous sa tente... Les jugements sur sa trahison seront sévères.

Ce 22 décembre, à l'exception du feu de paille du complot de Paris, la métropole est calme et Challe ne songe nullement à y mettre les pieds. Par contre, au niveau gouvernemental, le feu brûle. Des ministres paniqués voient déjà les coupoles des paras descendre sur la capitale. Mais sur quelle « drop zone » ? Les pavés parisiens n'en offrent guère de moelleuses selon le jargon para.

*

Quant au FLN à Tunis, il se garde bien d'intervenir dans cette querelle franco-française. Sur le fond, il peut tout à la fois s'inquiéter et se réjouir. S'inquiéter parce que, si Challe et ses amis l'emportent, l'indépendance promise par de Gaulle, provisoirement au moins, est remise en question. Se réjouir parce que cette « discorde chez l'ennemi », pour reprendre un vieux vocable gaullien (1924), soulage ce qui reste de ses troupes sur le terrain. Et on sait combien elles se sont fait étriller.

Ferhat Abbas, le pharmacien de Sétif devenu président du GPRA, se contente d'un message à l'intention des Algériens :

« Face aux graves événements qui se déroulent dans notre capitale, je vous demande, au nom du GPRA, de rester plus que jamais unis et plus que jamais vigilants. Vous devez vous organiser pour faire face aux provocations, comme vous avez su le faire lors des journées historiques de décembre et de janvier derniers... »

Il a fallu traduire ce message, car Ferhat Abbas ne s'exprime qu'en français... L'Algérie restera française comme la Gaule est restée romaine, dira Charles de Gaulle. Ses élites et une partie des Algériens comme Ferhat Abbas s'expriment en effet en français.

Chapitre IX

Journée du 23 avril

La surprise a pu jouer la veille. Désormais, au matin du dimanche 23 avril, la donne est claire. Se rallier au « clash » ou s'y opposer. *That is the question.* Beaucoup, par manque de caractère, resteront entre les deux.

Le caractère, vertu des temps difficiles, écrivait de Gaulle. Il en faut pour rompre avec un passé de discipline et approuver le « clash ». Autour des putschistes, beaucoup continuent à attendre que la lumière soit.

*

Trois événements majeurs marquent cette seconde journée :

– le revirement officiel de Brothier ;

– l'entrée en lice de Salan ;

– le célèbre discours de Charles de Gaulle sur le « quarteron » qui va finir de faire basculer les hésitants et le contingent.

Le contingent, ce paramètre que les colonels ont trop oublié ou sous-estimé. Ils ont pensé paras et légionnaires alors que ce contingent représente la masse militaire en Algérie. Et l'appelé de ce contingent est en général loin de l'Algérie française qui l'éloigne de chez lui. Le temps de service a été porté à vingt-sept mois. C'est long, très long, même si la totalité de ces vingt-sept mois ne se déroule pas en Algérie.

Ce 23 avril voit un effritement général du mouvement. Pouilly, s'il ne s'oppose pas, persiste à refuser son ralliement. Sa raison entrave son cœur. Cornélien ! Par sécurité il prend du champ. En début de matinée, il gagne Tlemcen, l'ancienne capitale des Abdelwadides, à quelques jets de pierre de la frontière marocaine. Il campe là à l'abri des réactions de la foule européenne d'Oran. Vers 10 h 30 il fait passer à tous ses subordonnés un message explicite : « Des éléments irresponsables ont joué sur la sensibilité d'une partie de la population d'Oran et sur la menace d'une effusion de sang pour m'obliger à quitter le siège du corps d'armée. Cette attitude n'implique de ma part aucune adhésion ni soumission à ces éléments. De mon PC actuel je continuerai à définir à chacun son devoir conformément aux règles de l'honneur militaire et aux traditions de l'armée de la France. »

Honneur militaire ? Pouilly a choisi la discipline. Le « clash » a perdu un gros atout.

Son exemple est suivi aux échelons supérieurs de la hiérarchie sous ses ordres. Lieutenants et capitaines en revanche ont toujours tendance à s'enthousiasmer. Ils n'ont pas de vues immédiates sur leur carrière.

Dans un tiroir du bureau du général de Pouilly, un « fouineur » découvre un brûlot : des documents révélant un futur cessez-le-feu unilatéral en Algérie. C'est-à-dire que les Français se disposent à laisser le champ libre au FLN. Ils ne s'opposeront plus à la rébellion par le feu. Argoud comprend que Pouilly soit gêné tout en étant discipliné. Il n'aura ni le temps ni les moyens d'exploiter ce brûlot du cessez-le-feu unilatéral, véritable dérobade devant le FLN.

*

Au matin du 23, Argoud s'étonne et comprend vite. Par Baulny, il apprend que Brothier est furieux contre lui. Pourquoi ? Les deux colonels ont dîné ensemble la veille au soir. Mais Brothier vient de changer de camp. Pourtant, il était largement dans le coup. Bien avant le 22 avril, Il était allé voir Argoud à Metz et s'était mis à sa disposition. Pourquoi cette volte-face qui le conduira à se retirer, désertant littéralement ses fonctions au quartier Vienot ?

Dans la Légion, la légende explique ce revirement par un coup de téléphone d'un beau-frère ou d'un beau-père, dignitaire important de la franc-maçonnerie, qui l'aurait mis en garde dans une affaire condamnée à l'échec. Cette explication est plausible sans assurances formelles. Un fait est acquis, il a marché durant un certain temps, puis a viré de bord, prétextant la non-ingérence de la Légion dans une querelle strictement française. Sur ce point il avait raison[1]. (Il aura ses étoiles et finira divisionnaire, ne cessant de jurer de sa bonne foi pour protéger la Légion, souci *a priori* louable.)

*

À Madrid, Salan et Ferrandi vivaient dans l'attente des nouvelles d'Alger. Durant la nuit du 20 au 21 avril, à leur grande déception, rien. Radio Alger avait continué à diffuser son programme nocturne musical. La journée du 21 fut maussade pour les conjurés madrilènes. Salan, très maître de lui comme d'habitude, s'est contenté d'un commentaire désabusé : « La mariée était vraiment trop belle. » Le message convenu : « La chambre de bonne a été cambriolée », n'était pas tombé.

22 avril. Six heures. Jean-Jacques Susini téléphone. Putsch à Alger.

---

1. Ce souci de ne pas engager trop loin des légionnaires étrangers conduira les officiers de Légion à renoncer assez vite. Parfois leurs sous-officiers le leur reprocheront : « Vous avez sous-estimé notre détermination. » Il est exact que le corps des sous-officiers de Légion était très largement pro-« Algérie française » et pro-« clash ».

La radio confirme l'information. « L'affaire a l'air bien partie, déclare Salan. Il faut y aller. »

Le déplacement était prévu grâce à la complicité de Serrano Súñer, beau-frère de Franco, et ancien ministre espagnol des Affaires étrangères. L'annulation du 21 a tout remis en question. Il faut trouver un moyen de transport. Serrano Súñer, heureusement, se dévoue, non sans éprouver des difficultés dans son propre camp. Madrid entend garder de bons rapports avec Paris. Enfin, le transporteur est découvert mais pour trois personnes uniquement. Salan, Ferrandi, Susini seront du voyage. Lagaillarde et Ronda resteront à quai. Ronda le rejoindra par la suite et sera le fidèle compagnon de Salan dans la clandestinité algéroise.

La nuit du 22 au 23 est longue. Enfin décollage vers 10 h 30 le dimanche 23. Deux heures après, Maison-Blanche où tout paraît calme. L'ambiance évoluera dans les heures à venir. Mme Salan qui vivait à Alger, attendait ainsi un petit groupe de jeunes fidèles de Robert Martel, le chouan de la Mitidja, le meneur du MP 13 qu'il a lancé. Ces jeunes, en armes, ne paraissent guère aguerris. Du moins, ils sont là.

L'accueil de Challe manque de chaleur. L'arrivée du Mandarin dérange. Challe tient à un putsch propre et sans civils. Quels excités Salan va-t-il drainer derrière lui ? Veut-il renouveler le 13 mai avec l'appui du populaire ? Cela, Challe ne cesse de s'y refuser. Un accord toutefois s'établit pour se répartir les jobs. Challe et Jouhaud exerceront les « pouvoirs militaires », Salan et

Zeller les « pouvoirs civils ». *A priori*, dans les circonstances présentes, les premiers priment ; en outre, Challe et Jouhaud, les deux aviateurs, s'entendent bien.

L'ambiance déjà vire à l'inquiétude. Challe, c'est évident, doute et remet en cause les certitudes des colonels. Il continue, comme la veille, de téléphoner pour obtenir des adhésions et se heurte à des édredons aimables n'osant se risquer. Les échos qui parviennent de toutes parts sont de moins en moins optimistes. A Alger, Ferrandi remarque que les appelés ne se montrent guère enthousiastes. Alors qu'en est-il dans le bled où les réticences doivent être pires puisque c'est le contingent qui tient les postes et les villages ? Les conjurés ne l'avaient pas envisagé. Le transistor, nouveau moyen d'information qui vient de se répandre à vitesse folle[2], apporte la voix de la métropole. On devine aisément sa note. De Gaulle plus les transistors, ce seront des facteurs déterminants.

Personne, semble-t-il, n'avait envisagé de brouiller les émissions radio métropolitaines.

L'Élysée a annoncé que le chef de l'État s'exprimerait le soir même. Pourquoi ne l'a-t-il pas fait plus tôt ? La question reste posée. Volonté d'y voir clair ? Attente judicieuse de la tournure des événements pour prendre une position habile ? Ne pouvait-il pas donner l'impression d'y souscrire pour mieux les contrôler ?

2. Au début de la guerre d'Algérie, les postes Skymaster étaient lourds et encombrants. En 1961, les transistors ne pèsent plus qu'une grosse centaine de grammes. Quel bidasse n'a pas son transistor qu'il peut acheter au foyer de son régiment ?

Avec le Grand Charles tout est possible. Il ne s'est jamais exprimé sur le sujet. Au vu des renseignements qu'il reçoit, sans doute estime-t-il désormais que les « carottes sont cuites » pour les insurgés.

Il apparaît à 20 heures sur les écrans de télévision. Visage grave. Tenue de général de brigade pour bien montrer qu'il marche sur le sentier de la guerre. Les Français l'écoutent. Les Métropolitains, les pieds-noirs, ainsi que le contingent évidemment. Sans oublier les Musulmans qui ont un poste – une minorité – sauf dans les villes où les cafés maures se chargent de la diffusion. Au grand dam des autorités, c'est là qu'ils se rendent pour écouter Radio Le Caire. Ce soir, ils écoutent de Gaulle sur des chaînes parlant français.

La voix de l'homme du 18 Juin a la gravité de circonstance :

« Un pouvoir insurrectionnel s'est établi en Algérie par un *pronunciamiento* militaire…

« Ce pouvoir a une apparence, un quarteron de généraux en retraite. Il a une réalité : un groupe d'officiers partisans, ambitieux, fanatiques. Ce groupe et ce quarteron possèdent un savoir-faire expéditif et limité. Mais ils ne voient et comprennent la nation et le monde que déformés à travers leur frénésie. Leur entreprise conduit tout droit au désastre national…

« Voici l'État bafoué, la nation défiée, notre puissance ébranlée, notre prestige international abaissé, notre rôle et notre place en Afrique compromis. Et par qui ? Hélas ! hélas ! par des hommes dont c'était le devoir, l'honneur, la raison d'être, de servir et d'obéir.

« Au nom de la France, j'ordonne que tous les moyens, je dis tous les moyens[3], soient employés pour barrer la route à ces hommes-là, en attendant de les réduire. J'interdis à tout Français et, d'abord, à tout soldat d'exécuter aucun de leurs ordres... Les seuls chefs, civils et militaires, qui aient le droit d'assumer les responsabilités sont ceux qui ont été régulièrement nommés pour cela... L'avenir des usurpateurs ne doit être que celui que leur réserve la rigueur des lois.

« Devant le malheur qui plane sur la patrie et la menace qui plane sur la République, ayant pris l'avis officiel du Conseil constitutionnel, du Premier ministre, du président du Sénat, du président de l'Assemblée nationale, j'ai décidé de mettre en œuvre l'article 16 de notre Constitution. À partir d'aujourd'hui, je prendrai au besoin directement les mesures qui me paraîtront exigées par les circonstances. Par là même, je m'affirme, pour aujourd'hui et pour demain, en la légitimité française et républicaine que la nation m'a conférée, que je maintiendrai, quoi qu'il arrive, jusqu'au terme de mon mandat ou jusqu'à ce que me manquent soit les forces, soit la vie, et dont je prendrai les moyens d'assurer qu'elle demeure après moi.

3. Ce qui implique l'ouverture du feu.

« Françaises, Français ! Voyez où risque d'aller la France par rapport à ce qu'elle était en train de redevenir.

« Françaises, Français, aidez-moi ! »

Impérial, ce discours du souverain ! Cet homme est fait pour les formules choc et les propos cinglants au moment opportun. Il l'a prouvé depuis le 18 juin 1940 et avant. Il le prouvera jusqu'à la « chienlit » de mai 68. L'Élysée annonce également recourir à l'article 16 qui confère pratiquement tous les pouvoirs au chef de l'État en cas de crise.

« Quarteron » ! Le terme a porté et cinglé. Le président qui s'exprimait était implacable. Il est prêt à ouvrir le feu contre les insurgés. On ne plaisante pas avec l'autorité de l'État.

Les Français le comprennent ainsi. Ils l'avaient déjà compris, rejet de la guerre d'Algérie aidant. De Gaulle, ce 23 avril 1961 au soir, a l'immense majorité du pays derrière lui. Le « clash » algérien est définitivement condamné.

Curieusement, un responsable haut placé ne l'a pas encore pleinement compris. Il juge bon de se manifester à son tour et se montrera une fois de plus bien petit. Il est tard, près de minuit, lorsque Michel Debré vient en rajouter une couche. Il a le teint pâle et paraît épuisé. Hâve, mal rasé, il s'exprime avec une voix angoissée :

« Des renseignements nombreux, précis et concordants, permettent au gouvernement de penser que les auteurs du coup d'État d'Alger envisagent à brève échéance une action de surprise et force sur la métropole, en particulier sur la région parisienne.

« Des avions sont prêts à lancer ou à déposer des parachutistes sur divers aérodromes afin de préparer une prise du pouvoir. Je tiens à dire aux Français et notamment aux habitants de la région parisienne que le gouvernement a pris des mesures pour s'opposer à cette entreprise.

« Des ordres ont été donnés aux unités de repousser par tous les moyens, je dis bien par tous les moyens, cette folle entreprise.

« Le gouvernement est certain que la population tout entière, qui fait confiance au général de Gaulle, non seulement réprouvera de tout son cœur cette aventure, mais aidera de toutes ses forces à la défense de la nation.

« Les vols et les atterrissages sont interdits sur tous les aérodromes de la région parisienne à partir de minuit.

« Dès que les sirènes retentiront, allez-y, à pied ou en voiture, convaincre ces soldats trompés de leur lourde erreur. Il faut que le bon sens vienne de l'âme populaire et que chacun se sente une part de la nation. »

Pourquoi cette panique de M. le Premier ministre ? Est-il sincère ou veut-il faire peur ? Les braves gens retiendront surtout son « allez-y à pied ou en voiture ». Ou à cheval, ajouteront les humoristes !

Les trois peut-être, et en tout cas l'orateur ne se grandit pas à côté de la majesté implacable de « Qui vous savez ». Ce renégat de l'Algérie française doit être un bon domestique puisque son maître le gardera encore un an à Matignon. (On le reverra par la suite à des postes ministériels, insatiable. Candidat à la présidentielle en 1981, il obtiendra 1,64 % des voix, ce qui correspond sans doute à son audience personnelle.)

La voix de Michou a peu porté. Il est vrai qu'elle était très tardive. Ils seront quelques centaines à se rassembler, deux mille peut-être, à Paris, sans trop savoir que faire. Parmi eux quelques-uns espèrent, par l'occasion, récupérer des armes afin d'aider les paras à leur arrivée. Ils seront déçus.

André Malraux joindra sa voix. L'habituel ouvrier de la onzième heure déclarera sur un ton enflammé : « Peut-être que dans trois heures, les paras seront là ! Ils ne passeront pas ! S'ils arrivent, vous serez devant eux, au coude à coude avec les CRS qui sont, eux aussi, prêts à se battre. » Il est bien l'un des seuls à s'exprimer. MM. les ministres ont tendance à s'affoler et à donner une impression d'inquiétude. L'un d'entre eux, Louis Terrenoire, le reconnaîtra des années plus tard : « Guère farauds, en vérité, tels nous étions, au soir du dimanche, réunis à l'hôtel Matignon autour du Premier ministre. » Un seul reste vraiment ferme et dépasse les bavardages de Malraux, Roger Frey, chargé de l'intérim de l'Intérieur. Il rassure ses services facilement désemparés et coordonne l'activité gouvernementale. Pierre Messmer, ministre de la Défense, en visite officielle au Maroc, rentrera précipitamment, et il sera surtout l'homme des sanctions contre les putschistes. Il avait à se faire pardonner de s'être engagé quelques jours auparavant en déclarant à la presse franco-américaine : « Il est exclu que l'armée sorte de la discipline… »

Les discours sont accompagnés d'une mesure concrète : application immédiate de l'article 16 de la Constitution qui donne à Charles de Gaulle tous les pouvoirs pour lutter contre les auteurs du « clash » et ceux qui leur emboîtent le pas.

*

Avant le discours du Grand Charles, ce personnage que plus d'un militaire avant le « clash » dénommait « la grande Zohra[4] », Argoud et Gardy se sentaient plus forts. Les 14e et 18e RCP, au terme de 1 000 kilomètres de trajet, venaient d'arriver à Oran. Fatigués bien sûr puisqu'ils viennent de faire environ quarante-huit heures de route, étant partis dans la nuit du 21 au 22. Les caisses des camions militaires avec leurs banquettes dites Curnier[5] n'offrent en rien le confort d'un pullman. Elles sont ouvertes au vent, au froid et

4. Vocable qui sera repris par les pieds-noirs.
5. Banquettes centrales instituées au lendemain de la Seconde Guerre mondiale par le général Curnier, inspecteur de l'infanterie, d'où leur nom. Elles permettent de « gicler » instantanément de chaque côté des véhicules en cas d'incident.

à la pluie. À juste raison Masselot et Lecomte réclament que leurs gars puissent souffler un peu. Revers de la médaille, ces braves garçons auront tout le loisir d'entendre et de commenter le discours du 23 au soir. Cela se ressentira assez vite, une fois la fatigue oubliée.

Chapitre X

Journée du 24 avril

L'intervention gaullienne a sonné l'hallali. Il faudra encore près de trente-six heures pour achever le « clash ».

À ce sujet, Michel Debré, une fois l'affaire terminée, le 26 au soir, pourra déclarer sur les antennes de la RTF : « Vous savez tous, Français qui m'écoutez, que ce succès est dû au général de Gaulle, à la confiance que le peuple lui apporte. Le général de Gaulle représente la légitimité de l'État : cela, chacun d'entre vous l'a compris. »

Une décision gouvernementale confirme la résolution de contrer et sévir. Les militaires putschistes marquants sont destitués et se retrouvent officiellement deuxième classe. Cas des généraux Challe, Salan, Jouhaud, Zeller, Gardy, des colonels Argoud, Broizat, Gardes, Godard. La destitution de Bigot, Nicot et

Gouraud n'interviendra que le 6 mai. Ces « ex » se présenteront donc en civil à leur procès. Ce ne sera pas le sort immédiat des officiers putschistes qui eux arriveront au tribunal en tenue, décorations pendantes. Lorsqu'ils seront condamnés, ils enlèveront alors leurs décorations et partiront côté gauche vide. Les photographies de leur arrivée et de leur départ du Palais de Justice montreront la mutation.

Dans la nuit, à Alger, vers 2 heures du matin, les VIP, les prisonniers de la nuit du 22 ont été transférés à Maison-Blanche. Deux heures après, ils ont décollé dans deux Nord-Atlas, sous bonne garde. Les paras d'escorte avec leurs PM armés ont fait un peu peur à Robert Buron, le ministre. Il l'avouera par la suite dans ses *Carnets politiques de la guerre d'Algérie*. Attention aux trous d'air, les rafales pourraient partir sans autorisation ! Après trois heures et demie de vol, les avions se posent à Aïn-Salah. Le commandant Botella, un ancien des SAS ayant sauté sur la France en 1944 et sur Diên Biên Phu en 1954, a choisi pour eux ce bled éloigné à 1 200 kilomètres au sud d'Alger. Difficile de s'en échapper. Le bordj militaire, au confort réduit, sans étoiles au *Michelin*, servira de palace. Un escadron porté de Légion assurera la protection et les menus services. À défaut de mieux, à Aïn-Salah, les proscrits pourront évoquer les grands sahariens qui, des décennies avant eux, hantèrent ces horizons de sable et de roches, le général Lyautey et le père de Foucauld. Deux saint-cyriens comme plusieurs d'entre eux, pour les militaires tout au moins, Gambiez, Saint-Hillier, Pouilly.

*

À des milles de là, d'ores et déjà, Challe, en son bureau d'Alger, croit de moins en moins au succès du « clash ». Il se doit cependant de répliquer aux catilinaires implacables du chef de l'État. Il rapportera dans ses Mémoires[1] ses intentions en sept points :

– Affirmer que l'armée française restera en Algérie.

– Lancer tous les militaires, de jour comme de nuit, dans des opérations offensives afin d'éradiquer les résidus de la rébellion. Ils sont peu nombreux.

– Mobiliser dans un premier temps huit classes d'Algériens de toutes communautés et au besoin des classes supplémentaires un peu plus tard.

– Diminuer, grâce à cet apport, les effectifs et le temps de service du contingent métropolitain.

– Transformer en combattants une partie des services pléthoriques existants où l'on voit nombre de fils à papa.

– Organiser la restriction des vivres, carburants et munitions.

– Mettre l'embargo sur le pétrole saharien afin de posséder une monnaie d'échange[2].

1. *Notre révolte*, *op. cit.*

2. Ce pétrole commence à couler à flots depuis le terminal de Bougie. Le pipe a remplacé le transport initial par voie ferrée de Touggourt à Philippeville (la voie avait été élargie de Touggourt à Biskra).

Trois mois sont espérés pour retourner la situation.

Ce plan n'est pas sans valeur. Il pourrait inciter le contingent à attendre tranquillement la « quille » promise. Les Européens l'apprécieront-ils ? Partiellement. Ils sont bien placés pour se souvenir que le général Giraud, en 1943, avait levé vingt-cinq classes pour aller défendre et libérer la mère patrie. Ne méritent-ils pas un juste retour de cette mère patrie ? Ce projet Challe présente *a priori* un défaut majeur : en dehors de l'entourage immédiat du quartier Rignot, PC de Challe, personne ne l'entendra !

Maurice Challe, ce 24 avril, se contente essentiellement de faire bonne figure et de s'acharner à téléphoner. Sans grand résultat. On lui répond poliment, sans déboucher. Ses trois collègues portent le flambeau et essaient de réagir au mieux. Autour d'eux les hauts fonctionnaires se taisent, dissimulant mal leur hostilité au mouvement. Ils attendent que le fruit tombe. Salan veut croire à l'appui populaire. Il insiste en ce sens auprès de Challe qui finira par lâcher du lest dans l'après-midi.

*

À Maison-Blanche les gonfleurs d'hélice et pilotes se manifestent. L'aviation française traîne derrière elle les restes du passage d'un communiste au gouvernement au lendemain de la Libération, Charles Tillon. Des communistes, avoués ou non, restent en service.

Maison-Blanche, outre les cris de « La quille ! », voit apparaître des drapeaux rouges et des slogans hostiles sur la base aérienne militaire. Situation identique sur la base 140 de Blida où le responsable est le commandant Kubasiak, assassiné par l'OAS le 24 juin 1962.

Le PC des insurgés à Alger apprend la situation à Maison-Blanche. Il décide d'y envoyer le 2e REP, disponible, arrivé la veille au soir à Aïn-Taya. Les légionnaires reçoivent des bottes de saut afin d'être plus présentables qu'avec les rituels pataugas et ne pas passer pour l'armée de Bourbaki. Dans la benne des camions, ils aperçoivent les hangars de Maison-Blanche. Leur conclusion est plus que logique : bottes de saut, hangars d'aviation, ils vont sauter sur la France ! La réalité sera plus terne : renvoyer les aviateurs révoltés dans leurs cantonnements. Affaire conclue non sans injures mais sans blessures. Les bérets verts ont fait peur. Mieux vaut ne pas se frotter à ceux du 2e REP. Ils font peur également à des cadres de l'aéronavale stationnant sur la base qu'ils délogent promptement. Réaction des officiers de Légion : « Ah ces rameurs ! Pétainistes quand il faut être gaullistes, gaullistes quand il faut ne plus l'être. » Excessif peut-être mais non sans une part de vérité.

Le RBFM, régiment blindé de fusiliers marins, de la 2e DB en 1944, avec un gros apport d'anciens matafs internés après la conquête de Madagascar par les Anglais en 1942, au départ, était loin d'être gaulliste. Pour qu'il y ait au moins un gaulliste on y avait envoyé l'enseigne de vaisseau de Gaulle, Sosthène pour le grand public. Au passage, on peut remarquer que ces marins du RBFM ne deviendront que modérément gaullistes...

Les officiers putschistes du 2e REP, ce 24 au matin, travaillent avec le 1er REC, venu prêter la main de ses blindés. Par métier, ils goûtent les belles armes. Ils se souviendront longtemps du Smith & Wesson calibre 11,43 d'un prince de la maison royale du Cambodge, sous-lieutenant au 1er REC. Tous les cadres se précipitent pour admirer ce revolver plaqué or. Cela détourne, un moment, de la gravité de la situation. Car elle est grave.

Le succès des légionnaires du 2e REP à Maison-Blanche est une victoire à la Pyrrhus. L'ordre rétabli, la Légion se retirant, les aviateurs en profitent pour prendre l'air. Les Nord 2501, une bonne vingtaine, décollent cap au nord direction l'Hexagone. Les paras ne pourront les utiliser pour sauter sur la France. De toute façon, Challe avait exclu cette hypothèse (dans un premier temps tout au moins). Ce départ sonne le glas des putschistes, un glas qui avait déjà sonné, on le sait, dans le cœur de Maurice Challe. Ce général intelligent avait compris dès le dimanche soir qu'il n'était pas suivi et que les certitudes des colonels reposaient sur du sable. Le 24, il essaie simplement de ne pas montrer sa déception et honnêtement de faire face.

*

Pouilly tient ferme à Tlemcen tout en restant malheureux devant les événements qui se déroulent autour de lui. En début de matinée, il accepte d'aller voir Challe à Alger. Les deux généraux sont de la même promo de Cyr[3]. Il espère convaincre son camarade qu'il fait erreur et souhaite trouver une solution de conciliation en évitant les éclats. Hélicoptère, avion jusqu'à Alger prouvent au passage que la machine militaire continue de fonctionner. À Alger rencontre courtoise avec Challe, mais chacun d'eux campe sur ses positions. Le ton monte avec Zeller beaucoup moins conciliant qui reproche à Pouilly de conserver un contact avec Paris via le Maroc. Faiblesse de Challe qui n'ose intervenir. Pouilly, venu en pleine bonne foi, est envoyé à In-Salah rejoindre les légalistes[4].

La camaraderie, le souci de préserver l'unité et de sauver les apparences, contraignent le général Challe à une apparition officielle. Un peu après 18 heures, le « quarteron », pour reprendre la formule de Danton le 5 avril 1794, part montrer « sa tête au peuple ». La

3. Quatre protagonistes importants du 22 avril 1961 appartiennent à la même promotion de Saint-Cyr : Challe, Gambiez, Pouilly, Lennuyeux (« Chevalier Bayard », 1923-1925). À l'époque où l'École de l'air de Salon-de-Provence n'existait pas encore, il était possible à un cyrard de choisir l'aviation à la sortie de l'École. Cas de Challe, Jouhaud, Nicot, Bigot, Mentré.

4. Pouilly, légaliste, démissionnera après le 22 avril. Il viendra témoigner à décharge au procès Salan (voir plus bas). Devenu maire de son village dans les Ardennes, il se souciera des camarades de promotion de son fils incarcérés pour activités OAS en Algérie et correspondra avec eux.

veille, il était bien apparu sur les écrans de télévision, mais rien ne remplace un contact physique.

Challe n'y tenait pas, au contraire, il parlera d'aller « faire le guignol ». Ses trois collègues poussent à la roue. Ils refusent de désespérer d'autant que Salan veut récupérer l'appui de la masse européenne.

Challe, qui s'est résigné, s'exprime le premier, depuis le fameux balcon du GG, là où de Gaulle a lancé son historique : « Je vous ai compris ! »

Ses propos devant cent mille personnes environ ne peuvent que déclencher les ovations :

« Algériens, voici ceux qui sont venus avec vous pour se battre, souffrir, mourir s'il le faut pour que l'Algérie reste française. » Il ajoute : « Grâce à l'armée française, nous garderons le sol de la patrie, afin que l'Algérie nouvelle naisse dans l'union des communautés. »

Salan lui succède. Combien en ces instants doit-il regretter sa harangue « Et vive le général de Gaulle ! » du 15 mai 1958 que lui a soufflé Léon Delbecque, qui a remis le retraité de Colombey-les-deux-Églises sur les rails !

« Nous nous retrouvons ici sur la place où ensemble nous avons fait le serment de garder l'Algérie à la France. Tous les quatre, malgré les embûches mises sous nos pas, nous avons réussi à venir près de vous, et auprès de vous nous resterons jusqu'au bout, jusqu'à la victoire que l'on vous a promise. Et cette fois-ci, nous la réaliserons. »

Zeller est le moins connu du « quarteron ». Des ennuis de micro ne facilitent pas son élocution. Enfin, il parvient à glisser quelques mots :

« Si je suis venu de France pour rejoindre mes amis, c'est parce que je pense que si l'Algérie a besoin de la France, le France ne peut se passer de l'Algérie. »

Jouhaud, le natif de Bou-Sfer, parle le dernier. Enfant du pays, les Algérois ont pour lui les yeux de Chimène. Son exemple montre à ses compatriotes pieds-noirs la route à suivre. Bien peu l'imiteront et il le déplorera : « Mes compatriotes ne se sont pas battus[5]. » Ils ont, c'est exact, trop compté sur les autres et il leur était difficile de mener un combat fratricide à certains égards.

Jouhaud remercie les « camarades patos » et tous ceux qui aident :

« Je tiens à rendre un hommage solennel à tous les camarades de la clandestinité qui se sont battus, qui ont pris des risques énormes et ont réussi à monter l'organisation magnifique qui nous a permis de réussir. »

Et il conclut : « Nous avons acclamé la France, nous avons acclamé l'Algérie, je vous demande d'acclamer l'armée. »

Une ovation lui répond.

Ces discours ont-ils porté ? On peut en douter. Ils sont tombés dans un auditoire local acquis d'avance

5. Entretien avec l'auteur à Bordeaux en 1990.

sans pour autant toucher le bidasse du contingent en Algérie et le citoyen paisible en métropole.

*

Une goutte d'eau à laquelle les putschistes souhaitent donner écho : le paquebot *El Mansour* quitte le port d'Alger pour la France, transportant huit cents libérables. Des visages féminins sont venus apporter des sourires et des souhaits de bon voyage. En arrière-pensée, inciter le contingent à voir dans le « clash » une perspective de proche libération. Une idée qui reviendra.

*

Le « clash » se déroule à Alger avec des conséquences obligatoires en métropole. L'intervention à grand éclat du président de la République a secoué l'opinion publique et, dans la journée du 24, provoque des réactions dans le pays. À l'appel des syndicats, un arrêt de travail d'une heure est marqué par des millions d'hommes et de femmes. S'il perturbe peu l'activité, la voix tonitruante de la CGT et des communistes inquiète en haut lieu. Aussi la tendance n'est-elle pas à trop soutenir les manifestations populaires. Jusqu'où pourraient-elles conduire ? Le PC, le parti du déserteur communiste Maurice Thorez, est encore puissant[6]. Un

6. Aux élections législatives de 1962, le PCF obtiendra 21,87 % des suffrages et 41 députés ; 233 députés pour les gaullistes UNR et UDT.

cortège d'étudiants descend le boulevard Saint-Michel. Environ trois mille personnes, sans plus. Le Quartier latin a l'habitude de ce genre de cortège.

La France bouge un peu, sans se mobiliser comme en mai 1958. Des manifestants à Montpellier, Brest, dans les mines et les ports du Nord. Ce n'est pas la levée en masse de 1793. Le pays ne s'inquiète guère. L'Algérie est loin. Elle serait totalement sortie des esprits s'il n'y avait la présence du contingent outre-Méditerranée. L'Indochine avant Diên Biên Phu ne faisait pas recette. Ceux qui y tombaient étaient des volontaires, soldats de métier. Sans la chute du camp retranché, le conflit en Extrême-Orient se serait prolongé.

Chapitre XI

25 avril, la Berezina

Au matin du mardi 25 avril, Challe sait parfaitement que la partie est définitivement perdue. Un officier mène, près de lui, un travail de sape : le colonel de Boissieu, cousin d'Alain de Boissieu, gendre du général de Gaulle. Il commandait le 22 avril le secteur de Djidjelli dans le Nord-Constantinois. Challe l'avait à ses côtés en 1959 et l'appréciait. Aussi lui a-t-il demandé de venir travailler de nouveau à sa droite pour remplacer le colonel Coustaux mis en place provisoirement. Il a accepté et bénéficie ainsi d'un contact direct avec le premier responsable du « clash ». Bien qu'« Algérie française », il ne croit pas dans le succès de l'entreprise. Par petites touches, il incitera Challe à faire marche arrière et à négocier son retrait. Sans doute n'est-il pas de mauvaise foi, voulant simplement tirer son ancien patron du guêpier dans lequel il s'est fourvoyé. Guêpier qui ne cesse de s'aggraver[1].

Un regard sur la carte permet de s'en rendre compte. Les opposants au « clash » et les prudents qui volent au secours de la victoire contrôlent pratiquement les quatorze zones de l'Algérie (sans parler des zones sahariennes).

Corps d'armée d'Alger

Dans la ZNA, PC à Fort-de-l'Eau, le général Gombaud a été embastillé et deux commandants de secteur, les colonels Lavergne et Boquet, ont pris le maquis ou un supposé maquis. Il n'a donc plus de tête légale, sans qu'il y ait véritablement une tête putschiste.

En ZOA, le PC est à Orléansville (Chlef), cité de construction française sur des ruines romaines au bord du Chelif, hélas très éprouvée, en 1954, par un tremblement de terre ; le général Prieur a tergiversé, gagne du temps et, finalement, se rendant compte comme tant d'autres de l'évolution, s'oppose.

À Tizi-Ouzou, PC de la ZEA, au cœur de la Grande Kabylie, où avait été envoyé un escadron du 1er REC, l'hostilité du général Simon, compagnon de la Libé-

1. Georges de Boissieu s'en sortira bien et aura ses étoiles. Il ne sera donc pas regardé comme un putschiste, bien au contraire. « *Timeo Danaos et dona ferentes* », disaient les Anciens, et effectivement Boissieu cousin fait un peu figure de cheval de Troie dans le dispositif du « quarteron ».

ration, s'inscrivait dans la logique des choses[2]. Simon, pour ne pas être arrêté, a pris du champ, et s'est échappé travesti en modeste petit gradé d'aviation. Si le colonel Roca s'est vu confier la responsabilité de la zone, celle-ci néanmoins ne peut être considérée comme acquise. Bien au contraire. Il y a encore en Grande Kabylie le 6e BCA, dont le chef, le commandant François Boulnois, un cyrard évadé de France en 1943, se trouve bien seul.

Dans le corps d'armée d'Alger reste le cas de la ZSA à Médéa. Cette zone témoigne de l'instabilité des esprits. Le premier, en l'occurrence, étant celui de son chef le général Arfouilloux qui avant le 22 avril avait promis de marcher. Au pied du mur, il hésite. Pour ne pas se mouiller personnellement et afin de prendre la température, il délègue à Alger son adjoint le colonel et futur général Goubard[3]. Goubard, à Alger, reçu par Challe et Jouhaud, s'inquiète des prolongements du « clash » en métropole. Sans réponse formelle sur ce point, il s'éloigne dubitatif quant au succès final. Son

2. Encore qu'on ait vu, au nom de la défense de l'Algérie française, des compagnons de la Libération se dresser contre le fondateur de leur ordre : le colonel Ceccaldi, le colonel Chateau-Jobert, le colonel (er) Savelli, le colonel (er) Puech-Samson, Georges Bidault.

3. Goubard, le 26 mars 1962, commandera le 4e RT, auteur du massacre de la rue d'Isly. Il n'était pas à Alger ce jour-là mais à 150 kilomètres au sud. Il ne peut donc en porter la responsabilité. Les compagnies, à fort pourcentage musulman, confiées à des mains fragiles, ont tiré sur la foule européenne qui se portait au secours de la population de Bab el Oued. L'une de ces mains était celle d'un lieutenant plus doué pour faire un chef de musique – il l'avait prouvé au prytanée militaire – qu'un commandant de compagnie d'infanterie.

patron, à Médéa, partagera son sentiment. Attendre sans se risquer.

Dans la journée du 22 avril, Arfouilloux a été nommé par deux fois au commandement du corps d'Alger pour remplacer Vézinet. Par Joxe et Olié d'un côté, par Challe d'un autre. Il n'avait que l'embarras du choix. Le 22 au soir, il a opté pour la légalité, restant prudent sans interférer dans le cours des événements. Le lendemain tombe un dimanche. Il ne saurait profaner le jour du Seigneur ! Il l'a annoncé officiellement : « Vous savez bien que je ne vais pas travailler le dimanche ! » Un de plus qui sut éviter de se mouiller.

Corps d'armée d'Oran

Ce corps d'armée est celui de deux villes qui doivent leur éclat à la présence française. En 1830, Oran comptait moins de 10 000 habitants. En 1961, la cité, avec 600 000 âmes, est devenue la plus peuplée et la plus européenne d'Algérie. On y parle avec un gros accent castillan. Combien d'enfants d'Ibérie y ont trouvé accueil ! Les derniers étant les républicains espagnols qui avaient dû fuir le régime franquiste. Durant l'hiver 1961-1962, un officier français de l'OAS – le commandant Camelin pour ne pas le nommer – s'entendra dire d'un militant d'origine espagnole : « Eh voui, mon commandant, avant j'étais oune commouniste, et maintenant j'y suis oune fasciste !… » Ce brave homme n'était certainement ni l'un ni l'autre.

Une autre ville d'Oranie est intégralement de création française en 1843, Sidi-bel-Abbès. Le mausolée d'un pieux marabout lui a donné son nom. La Légion étrangère l'a bâtie et en a fait sa maison mère. Les nouveaux képis blancs commencent leur carrière à la fameuse CP trei, la compagnie de passage numéro trois. Ils la terminent à la CP 2 en fin de contrat. Les futurs gradés s'instruisent à la CP 1. Par la présence de la Légion, Bel-Abbès, ville majoritairement européenne, pèse en Oranie.

Dans toute cette Oranie, le 25 au matin, les dés ont fini de rouler.

À Mostaganem, PC de la ZNO, le général de Menditte s'est, d'entrée, montré hostile. Il a fait arrêter le député du cru, pourtant compagnon de la Libération, Pierre Puech-Samson. Cet ancien officier SAS qui a sauté sur la France en juin 1944 et en Hollande en avril 1945 a le cœur pied-noir (tout en étant né à Gaillac en 1915).

À Tlemcen, PC de la ZOO, dans l'ensemble, le personnel en place, dont Pouilly, est légaliste.

À Sidi-bel-Abbès, en ZCO, les choses se compliquent. Le général Perrotat porte une double casquette mais coiffera finalement celle de la légalité. Le 25, en fin d'après-midi, après le départ des paras de Masselot et Lecomte, il regagnera Oran, se posant en vainqueur.

Son attitude sur le fond paiera. Le 24 mai, il sera nommé inspecteur de l'artillerie. De l'avancement !

À Tiaret, ZEO, le général Lassalle est relativement loin. Il peut attendre tranquillement la suite des événements.

Corps d'armée de Constantine

Le Constantinois, région où l'altitude moyenne frise les mille mètres, avec ses hauts plateaux et ses massifs montagneux, Aurès, Nemencha, Babor, Petite Kabylie, à proximité de la Tunisie base arrière de l'ALN, fut une zone de gros combats.

Tébessa, Guelma, Souk Ahras et quelques autres sont autant de noms qui parlent aux paras et aux légionnaires. Avant le 1er novembre 1954, ce Constantinois vécut des révoltes contre la domination française : Mokrani sur les hauts plateaux en 1871, l'Aurès en 1916, Sétif en 1945. Bien que pacifié en premier par la prise de Constantine le 13 octobre 1837, il apparaît comme la région la moins francisée de l'Algérie même s'il compte de gros centres très européens, Bône, Philippeville. Son relief y contribue certainement. Avec la guerre, la présence militaire s'y est renforcée. On y compte cinq zones. Toutes les cinq se récusent, leurs patrons du moins.

À Constantine, ZNC, le général Lennuyeux, initialement partant – il s'y était engagé –, a fait une marche arrière prudente. À Sétif, ZOC, le général Geliot, camarade de promotion de Jouhaud[4], a envoyé un télégramme officiel de fidélité à Paris et a incité Gouraud à rester légaliste. À Bône, ZNEC, l'attitude d'Ailleret est connue. À Batna, capitale de l'Aurès, en ZSC, Ducournau a su prendre du champ en partant en permission. Il y a bien le général Petit prévu à Tébessa, l'ancienne Theveste romaine, PC de la ZSEC, sans avoir pris véritablement ses fonctions. Il vit ces heures difficiles à Alger.

Au sud des quatorze zones de l'Oranie, de l'Algérois et du Constantinois s'étale l'immense appendice saharien. Avant la présence française il n'était qu'un désert de non-droit, domaine du sable et du caillou où se dressaient de-ci de-là les hautes tiges de ces arbres ayant les pieds dans l'eau et la tête au soleil, les palmiers dattiers. Y circulaient des caravanes transportant de l'or et des esclaves montant du sud. Elles redescendaient avec de la pacotille. Les grands sahariens français, dominés par la haute figure du père de Foucauld, de Flatters et Laperrine, l'ont fait découvrir et l'ont donné à la France. Des postes se sont dressés, des pistes ont sillonné l'immensité. Et puis le coq gaulois, sous ses ergots, a fait jaillir l'or noir du XXe siècle, le pétrole avec ses dérivés. Le 13 février 1960, la France, à Reg-

4. Cette promotion compte des personnalités historiques : Jean Olié, Edmond Jouhaud, Dimitri Amilakvari, compagnon de la Libération, Henri Frenay également compagnon, Henri Sauvagnac brevet para numéro « un ».

gane, y est devenue la quatrième puissance atomique. De Gaulle, à juste titre, s'en réjouissait.

Cette immensité et les hydrocarbures ont fait de l'Algérie la grande puissance africaine ; 2 195 000 km^2, dont environ 300 000 pour la frange septentrionale, celle que les Français ont découverte en 1830. Normal que ces richesses aient déchaîné les envies. Au 22 avril 1961, ce Sahara français est officiellement divisé en deux départements : la Saoura, chef-lieu Colomb-Béchar, créé par Lyautey, à l'ouest ; les Oasis, chef-lieu Ouargla, à l'est. Ces départements sont en ces temps de guerre sous la responsabilité d'un général français, le général de division aérienne Gustave Mentré, commandant interarmées au Sahara, depuis un petit mois. L'exemple Challe a prouvé que des aviateurs pouvaient faire d'excellents patrons sur le plancher des vaches. Mentré, cinquante-deux ans, se pose en grand maître saharien. Pour son déshonneur, il se comportera en petit garçon. Le 23 après-midi, il marchera ; le 25 au matin, il ne marchera plus. C'est son chef d'état-major, le colonel Bravelet, qui en a assuré l'ordre. Son adjoint d'hier, le général Petit, est parti à Alger remplacer Vézinet au commandement du corps d'armée. Car lui, Petit, il n'hésite pas à jouer franc-jeu.

Mentré au Sahara ne sera pas suivi. Ainsi a-t-il donné ordre de surseoir à une explosion atomique prévue. Le responsable local, le général Thiry, n'en tiendra pas compte afin de prouver qu'il se range derrière Paris. L'opération Gerboise verte, explosion nucléaire, intervient normalement le 25 à 7 heures contrairement aux ordres de Mentré[5].

Cette réalité de la situation profonde de l'armée, personne ne la proclame. Au sommet de la hiérarchie, les généraux jouent le gagnant. Au-dessous, les colonels pensant à leurs propres étoiles se gardent bien de trop manifester leurs sentiments et se rangent dans leur sillage.

En bas de l'échelle, les lieutenants et capitaines, eux, ne dissimulent pas pour qui battent leurs cœurs. Aucun sondage officiel ne révélera le pourcentage de favorables au « clash ». Il faut avoir vécu l'événement pour l'estimer. Si l'on fait abstraction des paras et des légionnaires où il frôle les 100 %, dans la Régulière, ce pourcentage atteint également des sommets. Dans les 90 % très certainement si l'on se réfère aux cadres d'active. Les jeunes sortant de Coëtquidan, quel que soit leur statut, approuvent et se félicitent. Pour les réservistes, aspirants ou sous-lieutenants faisant leur service, il est évident que ce pourcentage chute. Tombe-t-il nettement au-dessous de la barre des 50 % ? Difficile de se prononcer. Avoir fait les EOR implique un patriotisme et un sens civique dont la référence à l'Algérie française fait partie. Sans citer de noms, très peu d'officiers de réserve sont partisans

5. Il sera condamné à cinq ans de prison avec sursis. Zeller en ses Mémoires se réjouira de ce sursis qui évitera de voir Mentré venir rompre l'excellente harmonie régnant entre les condamnés du « clash ».

de l'Algérie algérienne. De là à approuver le « clash », il y a un pas difficile à estimer.

*

Si à Alger Challe n'y croit plus et envisage de renoncer, ses trois collègues sont loin de vouloir abdiquer. Les colonels, eux, s'accrochent. Les capitaines, les lieutenants engagés, d'une part n'ont pas une vue d'ensemble de la situation et d'autre part s'absorbent dans leur quotidien immédiat. Chez eux, l'ambiance reste solide. L'un des régiments paras commence à fléchir. Chez Lecomte, au 14e RCP, des jeunes du contingent renâclent. Ils se sentent engagés trop loin et prennent peur. Interviennent quelques désertions. Rien de tel chez Masselot au 18. Le roc Georges Masselot tient son régiment bien en main. Tous ses paras le respectent et le suivent. C'est un chef.

Masselot est à Oran mais ne saurait être partout. Les cinq zones de l'Oranie sont loin d'adhérer, on l'a vu. À Mostaganem, PC de la ZNO, Menditte prend position contre, même s'il le déclare en termes courtois. À Tlemcen en ZOO, le PC du général qui avait accueilli Pouilly est devenu la citadelle du refus au « clash ».

Les équipes Gardy-Argoud et Masselot-Lecomte se rendent compte de l'échec. Ils en tirent les conséquences et décident de replier les deux régiments sur Alger. À 14 h 30, la longue colonne des unités paras prend la route du retour, Masselot décidé à forcer le passage si besoin. S'y sont joints des CRS pieds-noirs, des civils et les membres d'un petit maquis « Algérie française ». L'épisode du « clash » en Oranie est terminé. La colonne Masselot passera la nuit près d'Orléansville et rejoindra ses bases arrière le lendemain. Gardy, camouflé à Alger, deviendra l'un des chefs de l'OAS dans la capitale puis, après l'arrestation de Jouhaud en mars 1962, le patron en titre à défaut de l'être en fait à Oran. Argoud, après avoir détruit son képi et s'être converti en honorable civil, réussira à gagner l'Espagne et mènera un combat sans grand espoir jusqu'à son arrestation par des barbouzes gaullistes en Allemagne, en 1963.

*

Par petites touches, à Alger, Boissieu continue de travailler son patron au corps qui finit par vaciller. Il accepte que Boissieu parte pour Paris négocier une fin honorable de l'aventure. Vers midi, Challe prévient ses trois collègues du « quarteron ». Il va arrêter, jugeant la partie définitivement perdue. Il prévient Zeller, celui dont il est le plus proche intellectuellement et moralement :

« L'affaire est cuite, Zeller. Je ne vois plus d'issue et je ne veux pas que quelqu'un d'autre que moi porte la responsabilité de notre révolte. Je me rends et me désigne comme premier coupable. »

Zeller proteste. Challe s'affirme résolu à en finir. Si Boissieu, Coustaux, Bigot, qui sont informés, approuvent, le trio est loin d'être acquis à une telle issue. Salan, pour sa part, se souvenant du 13 mai, veut recourir au soutien populaire des Européens et Jouhaud entend s'appuyer sur ses compatriotes.

À l'Élysée, de Gaulle fixe les responsabilités. Sa directive précise confirme les décisions prises :

« [...] Aussi longtemps que l'insurrection n'agit pas sur le sol de la métropole l'effort principal doit évidemment se déployer en Algérie. Toutes les opérations, qu'elles aient trait à la destruction de l'insurrection militaire ou à la lutte contre la rébellion du FLN, sont du seul et unique ressort du commandement responsable, savoir :

« – Le général Olié, chef d'état-major général de la Défense nationale, commandant en chef en Algérie, en l'absence du général Gambiez.

« – L'amiral Querville, commandant la marine en Algérie.

« – Le général Fourquet, commandant les forces aériennes en Algérie.

« – Le général Perrotat, commandant le corps d'armée d'Oran en l'absence du général de Pouilly.

« – Le général Arfouilloux, commandant le corps d'armée d'Alger, en remplacement du général Vézinet.

« – Le général Ailleret, commandant le corps d'armée de Constantine. »

Le « clash » provoque de belles promotions ! Fourquet, Perrotat, Arfouilloux, Ailleret sortent grands gagnants de l'aventure. Perrotat et Arfouilloux peuvent susciter des questions. Les méritent-ils vraiment ? Leur jeu a été flou durant un temps.

Un général s'en va, un autre revient. Le 25 au matin, un avion transfère Pouilly au purgatoire des légalistes à In-Salah, mais ne rentre pas à vide. À force de crier sa foi en l'Algérie française et sa volonté de se rallier à ses partisans, le général Saint-Hillier a obtenu satisfaction. Il rentre à Alger dans l'avion qui a amené Pouilly. Que n'a-t-il fait au moment où tout s'effondre !

Heureusement pour lui, il est compagnon de la Libération et un silence pudique s'abattra sur son comportement. Durant quelques heures, il retrouvera le commandement de la 10e DP avant qu'elle ne soit dissoute. Il se sortira de sa fièvre « Algérie française » sans dommages puisqu'il ajoutera deux étoiles de plus à son képi, terminant général de corps d'armée[6].

*

À 16 heures, Challe ordonne un rassemblement dans son bureau et annonce ses décisions. Tous les grands responsables du « clash » sont là, Godard, Gardes, Lacheroy, Robin, Saint Marc, La Chapelle, Puga, Sergent… avec les généraux (sauf Gardy sur la route,

6. Ce n'était pas un mauvais sire, bien au contraire. Des propositions de citations étaient en cours pour des officiers du 1er REP. Il s'empresse de les faire sortir à son échelon (division), se doutant que montant plus haut elles seraient supprimées. (Cas à la 25e DP, en particulier au 2e REP où Darmuzai les fait disparaître). On comprend que Saint-Hillier ait laissé un bon souvenir dans l'armée, ce qui n'est pas le cas du sieur Petit Pierre Darmuzai. Il faut rappeler que la promotion 2015-2018 de Saint-Cyr porte le nom de Saint-Hillier.

Mentré on ne sait trop où, Bigot et Nicot en leurs bureaux officiels). Son propos est ferme :

« Messieurs, rentrez dans vos garnisons avec vos unités. L'affaire est finie. Nous avons échoué. Il faut maintenant en tirer les conséquences. Je ne vous laisserai pas payer seuls, rassurez-vous, ce n'est pas mon genre. »

Ce chef est un homme d'honneur, courageux. Personne n'en doutait. L'aviateur, le résistant, le général en avait largement fourni la preuve. Après l'avoir écouté dans un silence religieux, ses officiers se cabrent. Les protestations fusent. Godard objecte avec pertinence :

« Nous n'allons pas nous rendre au bout de quatre jours. Pas question ! » Il ajoute : « Avec moins de mille hommes, Lagaillarde a tenu le gouvernement en échec pendant une semaine, et nous, avec deux divisions, nous allons nous rendre au bout de quatre jours ? Pas question ».

Malgré les protestations, la débandade s'ébauche. On brûle les papiers compromettants. Mais dans la précipitation, pas tous. Il en subsistera dont les vainqueurs se serviront pour accabler les putschistes.

Salan ne cache pas son opposition et affirme sa volonté de lutter. Des jeunes officiers, dont le capitaine Sergent, se révoltent ouvertement. Pour eux aussi pas question de renoncer. Sergent réagit avec violence devant Boissieu qui s'apprête à partir pour Paris négocier la capitulation de Challe.

— Mon colonel, vous savez ce qui se passe dans le bureau du général Challe. C'est une véritable trahison ! Vous savez très bien que, maintenant, c'en est fini de l'Algérie et que nos derniers espoirs vont s'effondrer. Vous savez très bien que les jeunes officiers se sont lancés avec confiance derrière ce chef. Pensez-vous que nous avons traversé la mer pour jouer cette comédie ?

— Oui, tout cela est atroce... Mais nous n'y pouvons rien...

— Si, je peux encore aller lui tirer une balle dans la tête...

Et le fougueux capitaine de sortir son revolver. Salan, présent, le retient et le calme.

Susini s'est glissé dans la pièce et le soutient fermement. Il a parfaitement compris que ce général aux tempes grises et foncièrement hostile à celui qui l'a mis sur la touche pouvait être le meilleur drapeau pour le combat à livrer demain. Car, pour lui, la partie est loin d'être jouée.

Sur-le-champ, dans le désordre et le brouhaha de l'EMI qui a perdu sa rigidité de PC militaire du plus haut niveau, Jean-Jacques Susini aborde Challe. Ce général, un an plus tôt encore tout-puissant, avant les Barricades, il ne le connaissait que de loin. Le désarroi, la tristesse se lisent sur le visage du vaincu. En se rendant, il accepte d'être fusillé. Il n'appréhende que les préliminaires de la part de tous ceux qui ont tremblé. Les officiers avaient tenté de convaincre leur chef de ne point abandonner. Là où ils ont échoué, ce jeune homme de vingt-huit ans aux tempes dégarnies et aux joues creuses se risque à un plaidoyer de la lutte à outrance à partir d'un carré solide sur Alger. Il doit avoir bien du talent. En une bonne demi-heure, il réussit à retourner ce soldat qui pourrait être son père. Il se garde bien de parler politique à ce général républicain, lui qui en son for intérieur ne l'est guère. Il plaide le sentiment la détresse de tous ceux qui vont, avec l'arrivée du FLN, devoir quitter leur terre natale et leur maison. Challe est trop intelligent pour ne pas savoir que Jean-Jacques Susini a raison[7], ses compatriotes d'Algérie sont condamnés si un revirement ne se produit pas. Il accepte de reprendre le harnais.

À 21 h 30, Radio France diffuse une proclamation :

« Aux Français de toutes origines. Voici quatre journées dont la France se souviendra longtemps. Un magnifique patriotisme a répondu à l'appel du 22 avril.

« Devant le succès remporté par la pacification nous décidons de démobiliser tous les soldats ayant effectué plus de dix-huit mois de service militaire, de ramener ainsi le service militaire à dix-huit mois. Avant leur départ, nous félicitons tous les militaires qui ont combattu pour défendre l'honneur et la liberté de la France dont ils se sont montrés les dignes fils. La population les en remercie.

7. Les faits, en 1962, ne le prouveront que trop.

« Nous décidons la mobilisation de huit classes de jeunes Algériens, la reconstitution des unités territoriales. Vous retrouverez la discipline. Vous présenterez bientôt à la France une province définitivement pacifiée. Suivez-nous. Vive la France ! »

Qui a rédigé ce texte ? Qui l'a signé ? L'incertitude demeure. Ce n'est sans doute pas Challe. Peut-être Salan inspiré et poussé par Susini. L'intonation générale a un accent civil. Rien du *Chant du départ* !

La formule « en remercie » est très Salan. Elle se retrouvera souvent dans les dédicaces de ses Mémoires, remerciant son lecteur d'avoir partagé son combat.

*

Le revirement de Challe n'est qu'un feu de paille devant l'inéluctable, et l'émission de Radio France avec l'annonce de la démobilisation et la réduction du service à dix-huit mois ne bouleverse rien. Le fléau de la balance a définitivement basculé. À Alger, les chefs de l'insurrection vivent des heures ingrates. Tout s'effondre autour d'eux. Déjà depuis le milieu de l'après-midi de nombreuses unités insurgées, ayant réalisé l'évolution définitive, ont pris le chemin du retour au bercail et rentrent dans leurs cantonnements. Un peu avant 23 heures, Sergent lance à la radio un ultime appel désespéré. En vain. Un jeune homme qui, pour les circonstances, a revêtu une tenue de para, l'imite et lance : « Population d'Alger, rendez-vous immédiatement au Forum pour empêcher la trahison de l'emporter. » En vain là encore. Les Algérois ont regagné ou finissent de regagner leurs foyers. Eux non plus n'y croient plus.

Peu après 23 heures, une voix annonce : « Ici France V, nous reprenons le cours normal de nos émissions. » L'antenne a été reprise aux insurgés.

À Paris, l'Élysée fait diffuser le communiqué suivant : « L'ex-général Maurice Challe a rendu compte au gouvernement qu'il se tient à la disposition de la justice. »

Ne reste à Alger que le 1er REP de Saint Marc, qui, lentement, amorce son repli. Le commandant tient les rênes de sa troupe d'une main ferme. Des unités régulières, sentant la défaite adverse, retrouvent vaillance et se montrent agressives. Un colonel de gendarmerie fait du zèle et se plaint de la lenteur de l'évacuation du Forum. Saint Marc lui réplique vertement : « Fichez-nous la paix… Attention, mes légionnaires sont nerveux. » Il a raison et ses légionnaires, eux, n'ont pas peur. Ils réservent leur légitime appréhension aux moments où il faut « passer la porte » ou donner l'assaut.

Alger s'est vidé de ses putschistes. À 0 h 15, le ministère de l'Information annoncera la fin du putsch.

*

Zeller a décidé de se noyer dans la foule. Il ira se réfugier chez des amis. Sergent, Godot, Degueldre s'éclipsent de même, le cœur lourd, mais résolus à continuer sous une autre forme[8]. Degueldre s'y était préparé matériellement. Il n'est pas pris au dépourvu. Les colonels, Godard et compagnie, avaient vécu longtemps à Alger. Ils peuvent trouver des refuges. Leur vie clandestine débute et se poursuivra dans l'OAS à laquelle ils donneront pignon sur rue. Saint Marc propose aux trois autres généraux qui se sont mis en civil de partir avec lui pour Zéralda. « Chez moi cela se passera proprement. »

Dans ses Mémoires, Challe, quelques mois plus tard, écrira :

« J'acceptai l'offre de Saint Marc.

« Dehors sur le Forum, deux à trois mille personnes étaient rassemblées. Inlassablement, elles chantaient *la Marseillaise* et ce chant résonnait en moi comme un *De profundis*. C'était bien le *De profundis* de l'Algérie que ces Français chantaient tristement. Leur calvaire commençait avec notre défaite. Au bout de leur chemin de croix, après les reniements, les insultes, les crachats, les coups, il y avait la mort ou l'exil. Et je n'avais pas pu leur épargner cela. »

Arrivés à Zéralda vers 2 h 30, Salan et Jouhaud qui ont décidé de poursuivre s'éloignent. Un officier, le capitaine Chiron, ancien commandant de la 3e compagnie du 1er REP de septembre 1957 à octobre 1959,

8. Sergent et Godot décideront de mener la lutte en métropole. Ils ont certainement une vision plus politique que leurs camarades rivés à la tranchée algérienne qu'ils veulent défendre sur son sol même.

les mène vers un asile sûr. Là, ils seront pris en charge par les filières du chouan de la Mitidja, Robert Martel. Hébergés et camouflés dans des fermes européennes, grâce à Martel, ils pourront échapper aux recherches et se préparer à la suite. Rançon de cette sécurité, leur gardien aura tendance à les cloîtrer. Jouhaud n'appréciera pas ses digressions politico-religieuses.

Challe et Saint Marc, dans la nuit du camp Jean-Pierre, à Zéralda, sont désormais seuls. Le lendemain matin, 26 avril, un colonel viendra chercher Challe qu'un avion transportera d'Alger à Paris. Le soir le chef du « clash » dormira à la Santé, 6e division. La division traditionnelle des politiques qui hébergea, cinq ans plus tôt, Ben Bella et ses quatre collègues interceptés le 26 octobre 1956 dans le DC3 Rabat-Tunis de Royal Air Maroc. Challe occupera effectivement la cellule 3 qui fut celle d'Ahmed Ben Bella, futur président – assez éphémère – de la République algérienne. Son motif d'inculpation est lourd :

« Usurpation et rétention illégale d'un commandement militaire. Organisation et direction d'un mouvement insurrectionnel. Fournitures d'armes, munitions, instruments, subsistance et intelligence avec les directeurs ou commandants de ce mouvement. »

De quoi vous envoyer dans les fossés de Vincennes.

Dans la matinée un avion reconduit à Alger les exilés d'In-Salah. Ils débarqueront à Maison-Blanche vers 12 h 30. À cette heure toutes les unités insurgées ont regagné ou finissent de regagner leurs bases. La soumission aux ordres et à la hiérarchie en place redevient la règle. Se produisent parfois, rarement fort heureusement, des scènes curieuses. Ainsi le retour du 2e REP au camp Péhau à Philippeville le 26 vers 17 heures. Le colonel Darmuzai a convoqué les officiers dans son bureau. On entend sa voix sur magnétophone. Il a réclamé la dissolution de son régiment et le passage en tribunal militaire de tous les officiers. Belles paroles pour un colonel qui se doit d'être le père de son régiment !

Ce colonel est le prototype de ce qui s'est produit si souvent. À l'heure de vérité, il a été défaillant. Il connaissait parfaitement les sentiments de tous ses officiers. Les laissant seuls, libres de leurs mouvements, il est retourné passer la nuit dans le lit conjugal. Véritable désertion qui s'est prolongée par une absence pudique les trois jours suivants. Avec sa voiture, il aurait pu filer pour rattraper son régiment, ce qui obligatoirement aurait soulevé des problèmes. (On voit mal des officiers de Légion braver leur chef de corps devant leurs légionnaires.) Il s'en est bien gardé et a passé les trois jours à palabrer avec le sous-préfet de Philippeville. Beaucoup ont fait comme lui. Arfouilloux à Médéa qui s'était montré fort discret sera de ceux-là.

Chapitre XII

Le Golgotha

Les politiciens ont eu peur, très peur. La mine déconfite de Michel Debré a frappé les esprits. Il donnait vraiment l'impression de paniquer. Réalité ou subterfuge pour impressionner et mobiliser ? Quoi qu'il en soit, au sommet, l'heure de la vengeance a sonné. Les décisions vont tomber sans tarder.

Le 27 avril, première salve. Les 1er REP, 14e et 18e RCP, les commandos de l'air, le GCPRG sont dissous[1]. Les officiers de ces régiments, sauf ceux assurant provisoirement les opérations de dissolu-

1. Les légionnaires du 1er REP quittent Zéralda sous les ovations des Européens après avoir déclenché un feu d'artifice de leur soute à munitions. Dirigés sur Sidi-bel-Abbès, ils seront ensuite ventilés dans les corps Légion. Quelques-uns, par la suite, des sous-officiers spécialistes, surtout les moniteurs, seront affectés au 2e REP. Les paras des unités dissoutes, à leur grand dam, seront affectés hors TAP afin de terminer leur temps de service.

tion[2], sont regroupés dans la caserne du 5e RCA à Maison-Carrée, en banlieue est d'Alger. Leurs camarades des autres unités compromis, bientôt de l'ordre d'une bonne centaine, les rejoindront. Puis tous, en plusieurs fractions, par avion militaire, seront envoyés au fort de Nogent au nord-est de Paris.

À la Santé, la 6e division se remplit rapidement ; 28 avril, Gouraud ; 29 avril, généraux Bigot et Petit ; 6 mai, général Zeller[3] ; 13 mai, général Nicot. Le jeu des généraux Nicot et Bigot a été perçu et leur adhésion pour faciliter les transports aériens des conjurés de France en Algérie décelée. Le 9 mai avait été écroué le général Faure, accompagné d'une pléiade d'officiers ayant trempé dans le complot de Paris : le colonel Vaudrey, les commandants Casati[4], Mouchonnet, Bléhaut, Azais, le capitaine de Saint-Rémy[5]. Le 9 mai encore, les colonels

2. Il en sera de même, le 1er mai, des deux divisions aéroportées, les 10e et 25e DP, qui ont par trop montré leurs sentiments. Ne sera plus alors constituée qu'une seule division aéroportée, la 11e DLI. Celle-ci et la majorité des régiments paras rejoindront la métropole. Ne restera en Algérie que le 2e REP, complètement expurgé de tous ses officiers putschistes (sauf les sous-lieutenants) afin de parer à une éventuelle menace de l'ALN sur la frontière. Subsisteront également les 2e et 3e RPIMa qui participeront à l'opération sur Bizerte en juillet. (Le 2e RPIMa sera ensuite dissous. Il sera reformé vingt ans plus tard.)

3. Réfugié chez un parent à Alger et estimant avoir entraîné Gouraud dans l'aventure, il s'est constitué prisonnier pour le couvrir.

4. Ces dates ont été relevées sur le registre d'écrous de la prison de la Santé (voir *42 rue de la Santé*, du même auteur).

5. Le commandant Casati, mal soigné, mourra en prison deux ans plus tard. Détenu de nouveau à la Santé pour un nouveau dossier, il sera peu avant sa fin transféré à l'infirmerie de la prison de Fresnes où il mourra dans la nuit du 2 au 3 mars 1963. Officier de la Légion d'honneur, il était avec Cabiro l'un des héros de l'affaire de Ba Cum le 1er avril 1950 en Cochinchine. Lieutenants à

Masselot, Lecomte, de La Chapelle ; le même jour, le commandant Cabiro du 2e REP ; le 13 mai, le commandant Robin du GCPRG. Arrivée aussi de Denoix de Saint Marc qui, par sa personnalité et ses antécédents de résistant déporté, sera la grande vedette des procès à venir. En tant que commandant du 1er REP, durant les événements, on lui reprochera beaucoup de choses : « Occupation d'édifices publics, port d'armes au cours d'un mouvement insurrectionnel ; intelligence avec les dirigeants d'un mouvement insurrectionnel. »

Arrivent encore le général Mentré, la girouette saharienne, et le lieutenant-colonel Bréchignac, chef d'état-major de la 25e DP à Philippeville, caractère aux antipodes.

Bon nombre de ces officiers ont des noms prestigieux dans les troupes aéroportées ou à la Légion. Certains ont déjà connu la détention. Bréchignac a été prisonnier des Viets après la chute de Diên Biên Phu en 1954. Cabiro est passé par Miranda et les geôles espagnoles après s'être évadé de France en 1943. Saint Marc est un rescapé de Buchenwald en 44-45. Par moments, ce dernier se défoule, au grand dam des gardiens, hurlant par la fenêtre : « Je vous ai compris ! », à moins que ce ne soit avec un humour noir : « Libérez Ben Bella[6] ! »

---

l'époque, ils avaient décimé avec leurs légionnaires, paras du 2e BEP pour Cabiro, cavaliers du 1er REC sur « crabes » pour Casati, une très forte unité viet. (Plus de cent trente cadavres viets dénombrés sur le terrain.)

6. Lequel Ben Bella coule à cette heure des jours tranquilles au fort Liédot sur l'île d'Aix avec le bon air marin, avant de gagner le château de Turquant (mai

Ces officiers supérieurs, au passé héroïque, qui clament fièrement les mobiles patriotiques de leurs actes, entendent d'abord sauver leurs subordonnés des foudres judiciaires[7]. Sur le plan pratique, ils se trouvent dans une situation paradoxale. Ils sont détenus mais, n'ayant pas encore été jugés, restent titulaires de leurs grades et de leurs décorations. Lorsqu'ils partent en tenue pour l'instruction ou les procès, les gardes mobiles les saluent et leur présentent les armes.

L'avenir de ces révoltés s'annonce sombre malgré la qualité de leurs avocats, maîtres Dupuy, Palmieri, Kalflèche, Le Coroller, Varaut, Tixier-Vignancour… qui accourent volontairement pour les défendre.

Prise illégale d'un commandement, organisation d'un mouvement insurrectionnel sont des inculpations gravissimes. Avant de quitter Alger, Challe était catégorique : « Je serai fusillé. »

Masselot ne se faisait pas plus d'illusions[8]. Il aura une attitude de grand seigneur et couvrira totalement

---

1961). Certains ne se priveront pas de comparer les conditions de détention entre la Santé et Turquant (voir *Fors l'Honneur*, S.E.R.P., 1963).

7. Ce qui adviendra effectivement dans de nombreux cas. Des officiers compromis pourront poursuivre leur carrière militaire. L'armée française de 1980 comptait plus d'un général ancien putschiste comme lieutenant ou capitaine. Leurs camarades civils les baptisaient les « soupistes » (qui vont à la soupe). S'il paraîtrait déplacé de citer des noms, il est toutefois possible de préciser que plusieurs ont achevé leur carrière avec quatre étoiles. (Quelques-uns déplorant que le 22 avril les ait empêchés d'en avoir cinq !)

8. Confidence à Françoise Monsérié, assistante sociale de la 25e DP venue le saluer avant son départ. Aujourd'hui Mme Pierre Montagnon.

ses officiers qui pourront poursuivre. Deux d'entre eux deviendront généraux.

La procédure ne dure pas. De Gaulle veut aller vite et faire un exemple pour impressionner les esprits. Dès le 24 avril, en vertu de l'article 16, deux tribunaux ont été institués pour juger les rebelles : le Haut Tribunal militaire et le Tribunal militaire. Le premier doit s'occuper des gros poissons, le second de la piétaille. Les généraux du « quarteron » – et les autres – ont ainsi très vite à répondre de leurs actes.

Le procès Challe-Zeller s'ouvre le 29 mai 1961, un mois après les faits. Les deux ex-généraux sont extraits de la Santé et, en fourgon cellulaire, dirigés vers le Palais de Justice où siège le Haut Tribunal militaire[9] sous la présidence de Maurice Patin, président de la chambre criminelle de le Cour de cassation. Nul n'en doute, la peine capitale sera au terme du réquisitoire. Edmond Michelet, garde des Sceaux, a écrit, à cet effet, au procureur général Besson, chargé du ministère public :

« Si la peine de mort n'est pas réclamée cette fois, il est à escompter, pour tenir compte de la hiérarchie des responsabilités, que les sanctions à envisager ultérieurement devront descendre fort bas dans l'échelle des

9. Haut Tribunal, certainement. Militaire ? À moitié ! Le président et trois juges sont des civils (H. Hoppenot, M. Gagne, R. Mislich). Militaires, les généraux Catroux, Ingold, Gelée, Gillot, le vice-amiral Galleret. De Gaulle a su choisir. Catroux, Ingold, Gillot sont compagnons de la Libération.

peines et gêner, par conséquent, d'une façon considérable, l'ensemble de la répression. » Le texte exprime bien ce qu'il veut dire ; le très chrétien ministre Edmond Michelet réclame des têtes[10].

Une affaire occultée et pourtant bien réelle bouleverse le processus judiciaire. L'affaire Si Salah de juin 1960. Pourquoi de Gaulle n'a-t-il pas donné suite à cette démarche susceptible de faire cesser les combats dans les deux tiers de l'Algérie ? Ce dossier est délicat voire explosif. Il gêne l'Élysée dans son parcours vers l'Algérie algérienne. Le chef de l'État n'aurait-il pas volontairement escamoté de bonnes cartes pour arriver plus rapidement à ses fins, à l'indépendance de l'Algérie vite et à tout prix ?

L'affaire se dénoue à mots couverts entre défense et accusation. Un jeune avocat qui débutait alors, comme assistant de maître Arrighi, le défenseur de Challe, une talentueuse carrière, maître Jean-Marc Varaut, se souvient et écrit :

« Je collaborais en effet à l'époque avec le bâtonnier Paul Arrighi qui s'était commis d'office lui-même. S'il y a eu un réel marchandage, je l'ai ignoré. Mais je puis vous assurer qu'il y a eu un marchandage implicite,

10. Selon certains dires, cette exigence et cette absence de charité chrétienne auraient coûté à Edmond Michelet sa cause de béatification espérée par ses fidèles. Déjà, le 4 juin 1960, il avait rétabli la peine de mort en matière politique. Les réticences à sa béatification, dossier en souffrance qui traîne, s'expliquent.

mais entre le président Patin[11] et la défense ; l'affaire Si Salah a été évoquée, suggérée et plaidée à mi-voix. La Cour a compris que cette affaire compromettait l'Élysée ; il y a eu à l'évidence une influence appréciable de cette affaire sur la décision rendue[12]. »

Marchandage implicite. L'affaire Si Salah gêne l'Élysée, soit ! On n'en parle plus, mais donnant, donnant : la vie sauve pour Challe.

Il est aussi des hommes d'honneur dans cette salle où siège le Haut Tribunal militaire. Le procureur général Besson est du nombre. L'affaire Si Salah l'a profondément troublé. Les accusés qu'il a mission de clouer au pilori n'ont pas agi pour de vils motifs personnels. Antonin Besson conclura son réquisitoire :

« J'ai tourné et retourné le problème en tous sens. Au sortir de ce cauchemar où me sont apparues tour à tour les raisons qui appelaient l'intransigeance et celles qui pouvaient laisser aux accusés des raisons d'espérer, me voici prêt à assumer mes responsabilités, toutes mes responsabilités. De ce long délibéré avec moi-même, je suis arrivé à sa conclusion. Non ! il m'est impossible de requérir la peine de mort ».

Challe est sauvé ! De Gaulle ne pardonnera pas. Le procureur Besson perdra ses fonctions.

---

11. Maurice Patin (1895-1962), membre du Conseil constitutionnel et Président du Haut Tribunal militaire.
12. Lettre à l'auteur du 31 janvier 1986.

Le 31 mai à 21 heures, le président Patin, d'un ton égal qui a toujours été le sien, lit les attendus :

« Maurice Challe et André Zeller ayant été déclarés coupables du crime prévu et puni par l'article 99 du code pénal, sont condamnés à quinze ans de détention criminelle. »

Il ne reste plus au procureur général Besson qu'à murmurer : « Application de l'article 43 du 16 mars 1852. »

Maurice Challe et André Zeller sont rayés de l'ordre de la Légion d'honneur, mais envers et contre tout, ils ont sauvé leurs têtes. À quelques toises de là, l'Élysée fulmine. Ce jugement ne correspond pas à ce qui était attendu.

Le pli est pris. Pour les généraux ou officiers supérieurs qui succéderont, le Haut Tribunal militaire ne pourra excéder les quinze ans de Challe et Zeller. Dans le défilé étoilé, il n'est qu'une fausse note, celle de Mentré, le 4 juillet. Le commandant interarmes au Sahara tentera de démontrer qu'il ne s'était pas engagé. Il y gagnera du sursis avec en contrepartie le mépris de ses pairs (voir les lignes de Zeller dans ses Mémoires).

Le colonel Ceccaldi bénéficiera également du sursis. Difficile de condamner l'artilleur de Koufra en 1941, compagnon de la Libération. Il était partisan de cœur, d'où son attitude plus que correcte. Il le restera, se montrant toujours très cordial envers ses anciens compagnons du « clash ».

*

Voici venu le temps de ceux que l'on ne peut appeler les « obscurs, les sans-grades » chers à Séraphin Flambeau.

Ils ont adhéré d'enthousiasme à ce sursaut pour garder l'Algérie à la France, dans des conditions différentes de celles de la Toussaint sanglante, le 1er novembre 1954, sans rejeter le drapeau tricolore. Ils croyaient en une Algérie plus équitable, plus sociale et où les Musulmans auraient la part correspondant à leur nombre et à leurs souhaits. Vision utopique après tant de sang versé, et compte tenu de la présence de l'islam.

Le commandant de Saint Marc comparait le premier le 5 juin. Il fera une déclaration simple et loyale, prenant ses responsabilités (voir en annexe). Puis suivront tous ces officiers supérieurs, grands acteurs du « clash », Masselot, Lecomte, La Chapelle, Robin. Saint Marc aura dix ans, les autres moins, pourtant ils étaient dans le complot de longue date. Saint Marc, à bien des égards, est une victime de Challe, le 21 avril. Derrière un autre, Jouhaud ou Salan, il n'aurait pas marché. Il est de bon ton pour le pouvoir de faire haro sur la Légion. Cela évite d'accabler par trop des unités où servait le contingent.

Le bruit avait couru d'une dissolution de la Légion. Elle était effectivement très impliquée. Qu'on songe, par exemple, au comportement des deux REP ou des deux REC. La Légion, à l'exception d'un ou deux chefs de corps, Vaillant, Darmuzai, marchait avec les révoltés. Messmer, ministre de la Guerre et ancien officier de Légion (il était capitaine à Bir Hakeim en 1942 avec la 13e DBLE), l'aurait-il sauvée ? C'est lui accorder beaucoup. Le bon sens, la réflexion l'ont emporté. Les unités paras sont dissoutes ou renvoyées en métropole, le contingent flotte. Que se passerait-il si, profitant de la situation, les katibas de l'ALN de Tunisie ou du Maroc tentaient des incursions aux frontières ? La Légion, seule, saurait courir au canon sans états d'âme, honnête et fidèle. Les têtes changent dans les unités. Pour reprendre l'expression de Lyautey, à l'encontre du Maroc en août 1914, « on ne vide pas la langouste ». Ainsi, au 2e REP, les cadres non renvoyés devant le Tribunal militaire mutés en métropole. Le fer demeure avec un autre manche, moins ferme il est vrai.

Dès les lendemains du 22 avril s'ouvre la grande purge. On l'a vue s'amorcer[13] avec un premier regroupement des factieux à Maison-Carrée. Ils partent ensuite pour le fort de Nogent. C'est à Nogent qu'est composé

13. Si le célèbre « Non rien de rien, je ne regrette rien » revient en rengaine, on y entend des formules fortes :
« Au REP, les officiers sont tous fiers du passé. »
« Vézinet encadré. »
« Charles les a à zéro. »

et enregistré, par les officiers des 1er et 2e REP, sur le célèbre air d'Édith Piaf, un *Je ne regrette rien* de circonstance. Après quoi, départ pour un autre regroupement au fort de l'Est avant, le 18 juin, un transfert vers Fresnes ; 18 juin, la date a certainement été choisie volontairement par « Qui vous savez ». Embastillés au CNO de Fresnes, le Centre national d'orientation, les officiers inculpés attendent leurs procès. Renouant avec une vieille tradition militaire, ils ont accroché leurs décorations aux portes de leurs cellules. Des visiteurs de haut rang viennent leur rendre visite : la maréchale de Lattre, le maréchal Juin en civil, le colonel Olier, aveugle de guerre et grand officier de la Légion d'honneur. Bref du beau monde. Survient même le « padre » de l'Élysée. En « chouf », murmurent les visités[14]. Est-ce vrai ? *A priori* peut-être pour calmer les esprits. « Il y aura du sursis » promet ledit *clergyman*. *Inch Allah !* énonce le proverbe arabe. L'ambiance se veut excellente dans les couloirs du CNO. Le capitaine Mosconi a de solides talents d'imitateur de « Qui vous savez » pour le grand plaisir de ses camarades. Seul regret de tous les embastillés, ne pas être dans le coup de l'opération sur Bizerte en juillet.

Le 1er REP, en la personne des commandants de compagnie et des capitaines de l'état-major, « ouvre le bal » du 6 au 8 juillet. Pas de fausse note. Cha-

14. Vocabulaire militaire. « Padre », le père, l'aumônier. « Chouf », terme arabe, sentinelle, guetteur, observateur. (Se poster en chouf, soit en observation.)

cun prend ses responsabilités même si Saint Marc, en civil, est venu décharger ses subordonnés. Gambiez se montre grand seigneur. Il s'offre pour reprendre ceux qu'on appellera bientôt les « soldats perdus ». Le pouvoir en décidera autrement et Gambiez lui-même, le vaincu du 22 avril, sera mis sur une voie de garage. (Il avait récupéré son commandement à Alger avant d'être remplacé.)

Les procès des lieutenants et capitaines s'enchaînent, avec entre eux, à l'occasion, quelques quatre ou cinq galons. Commandant Cabiro, 4 juillet ; colonel Ceccaldi, 5 juillet ; GCPRG, 11-12 juillet ; 2e REP, 18-19 juillet ; commandant Camelin, 20 juillet ; colonel Buchoud, capitaine de Roquefeuil, 23-24 juillet ; colonel Emery, 27 juillet ; etc. Ils sont ainsi cent quatorze à découvrir les ors des palais judiciaires, en l'occurrence les chambres du Palais de Justice parisien dans l'île de la Cité. Généralement, comme l'avait laissé entendre le « padre » de l'Élysée, ils bénéficient du sursis. L'armée française perd un grand nombre de ses meilleurs cadres, car à une ou deux exceptions près ils sont limogés, suivant la vieille formule de 14-18, et reconduits à l'état civil.

Leurs camarades, plus heureux ou moins marqués, se contenteront d'arrêts de rigueur ou de forteresse et de mutations. Au titre du 22 avril interviendront deux cent vingt retraits de commandement qui sont loin de faire plaisir aux intéressés.

Tous ces procès provoquent des démissions et départs que de Gaulle n'avait pas prévus. Peut-être en est-il satisfait. Des opposants en moins. La Grande Muette n'en sera que plus silencieuse. Des généraux, les premiers, brisent leur épée : Olié dès le mois d'août 1961, hostile aux sanctions envers les jeunes officiers. (De Gaulle lui demandera d'invoquer des raisons de santé.) Pouilly, Gracieux, tous les deux « Algérie française » de cœur. Le général Ingold (cr), grand chancelier de l'ordre de la Libération, partira mais plus tard (1962). Tous ces généraux acceptent mal ces condamnations imputables à l'honneur et au patriotisme.

Si l'exemple vient de haut, il est très difficile d'évaluer le nombre d'officiers endossent la tenue bourgeoise à cause du seul 22 avril.

22 avril, OAS, abandon de l'Algérie française, autant d'éléments qui se mêlent dans le temps et la motivation. Des centaines d'officiers s'en vont immédiatement ou à court terme. Certains attendent quelque peu pour atteindre un droit à la retraite. Il y aura un bon millier de départs volontaires voire plus à joindre aux condamnations des 22 avril et OAS. L'ensemble représente un faible pourcentage sur trente mille officiers.

Ces départs favoriseront l'avancement des « soupistes ». Ils n'en sont pas moins la preuve qu'un profond malaise atteint l'armée française. Elle se voyait victorieuse et doit subir les conséquences tragiques d'un abandon. Il faudra attendre la relève des générations qui avaient sans doute mauvaise conscience pour que la page, sans s'oublier, se tourne. Les exclus seront regardés d'un autre œil par leurs jeunes camarades. Ils reviendront la tête haute dans leurs anciennes unités et s'exprimeront librement. L'évolution politique permettra de reconnaître les services passés. Les grades et décorations, enlevés au lendemain du 22 avril, seront restitués par François Mitterrand, élu président de la République en 1981 qui imposera la mesure aux récalcitrants. L'avancement dans les ordres nationaux rétabli. Le commandant de Saint Marc, figure symbolique du 22 avril, recevra la grand-croix de la Légion d'honneur des mains du président de la République en exercice, dans la cour des Invalides, le 25 novembre 2011[15].

*

La page du 22 avril ne se termine pas avec son échec le 25 avril au soir. Elle n'est qu'un moment du drame de l'Algérie française de 1954 à 1962. L'OAS suivra avec ses sacrifices et ses erreurs. Avant elle, il y eut des années sanglantes. Avec elle et après elle encore des heures tragiques. L'exode des Européens,

15. Certains camarades lui reprocheront discrètement d'avoir accepté cette remise par le locataire de l'Élysée. Ils auraient préféré un autre dignitaire pour lui remettre ce cordon qui, en valeur absolue, fait figure de juste retour des choses étant donné ses titres de résistant et de soldat. Quoi qu'il en soit, une foule militaire se pressera lors de ses obsèques à Lyon le 30 août 2013. Le général Bruno Dary, ancien légionnaire parachutiste, président de la Saint-Cyrienne, prononcera l'éloge funèbre au nom de toute sa famille militaire.

le massacre des harkis et des fidèles de la France. Ce que craignaient les putschistes est arrivé. Dans tous ces drames et surtout les derniers, il y eut de très nombreux responsables à tous niveaux. Comment, à cet égard, ne pas penser au sommet de l'État ?

Le général de Pouilly, venant témoigner au procès du général Salan en mai 1962, déclarera :

« J'ai choisi la discipline ; mais, choisissant la discipline, j'ai également choisi de partager avec mes concitoyens et la Nation française la honte d'un abandon. Évidemment ceux qui, comme moi, ont vécu, ont combattu en Afrique du Nord, ressentent davantage cette honte, mais j'espère que beaucoup de Français qui se renseignent la ressentent également, et je pense que ceux-là garderont quelque indulgence pour celui et pour ceux qui, n'ayant pas pu supporter cette honte, se sont révoltés contre elle. L'Histoire dira, peut-être, que leur crime est moins grave que le nôtre. »

Conclusion

Ce qui est communément désigné sous le nom de 22 avril est un acte militaire survenu en Algérie le 22 avril 1961. Il n'est que cela bien qu'il ait eu une petite « queue de typhon » en métropole. Il est conçu, exécuté par des militaires. Certes, incontestablement, il possède une finalité politique : agir sur le gouvernement afin de conserver un territoire, en l'occurrence l'Algérie, à la France. Mais est-ce vraiment un acte politique ? Il serait plus fondé de le qualifier d'acte patriotique. Les officiers qui se dressent contre Paris et de Gaulle n'ont cure du régime politique. Ils n'entendent qu'une chose : garder à la France le pays qui va de La Calle à Marnia et jusqu'aux profondeurs sahariennes.

Pourquoi se révoltent-ils ? Il y a le précédent de l'Indochine que les anciens d'Extrême-Orient refusent de voir se renouveler. Il y a le départ sans gloire de Tunisie et du Maroc qui choque. Il y a naturellement les promesses et engagements tenus en mai 1958. Il y a le visage familier d'une France reconstituée en Algérie. Il y a ces cités développées ou créées par la France. Que ce soit Alger, Oran, Philippeville et derrière elles tous ces villages dits « de colonisation », de l'ordre de sept cents, qui rappellent tant la France profonde avec leurs églises, leurs mairies, leurs demeures, leurs cimetières. Il y a tous ces liens humains et affectifs qui se sont forgés au fil des années. Il y a la certitude que, sans l'Algérie, son territoire, ses ressources, les dernières pétrolières, la France perdrait une partie de sa grandeur. N'est-ce pas l'Algérie qui a été l'une des bases majeures de l'armée française lors de la Libération en 1944 ? Tous ces facteurs s'entrechoquent à des degrés variables suivant les personnalités.

Parmi ces officiers, par la suite, une fois l'orage passé, 22 avril ou OAS, bien peu iront s'immiscer dans la mêlée politique. Sergent, Baeckeroot et une petite poignée de camarades de tous grades. C'est infime. Les généraux s'abstiendront, Jouhaud, le pied-noir, plaidant uniquement la cause de ses compatriotes. Les colonels, les capitaines, les lieutenants s'efforceront seulement de nourrir honnêtement leurs familles hors de la nausée politicienne.

La question soulevée en Algérie le 22 avril s'est soldée entre militaires, hormis de Gaulle naturellement. Les Debré, Joxe, Morin et compagnie n'ont pas pesé. On pourrait presque alléguer que ce fut une affaire de famille. Les civils ? C'est l'opinion publique métropolitaine qui a compté. On savait qu'elle existait et qu'elle rejetait l'action des généraux d'Alger. Les civils, il faut le reconnaître, se sont manifestés. Les civils sous l'uniforme – c'est-à-dire le contingent – sont les grands responsables de l'échec du « clash » en Algérie. Le 13 mai 1958 en Algérie s'était bien déroulé parce que le contingent récusait une IVe République discréditée avec, de surcroît, l'unanimité des cadres d'active. Situation totalement différente en avril 1961 à cause de la personnalité du général de Gaulle et de l'influence de la radio.

Le pouvoir ne s'y est pas trompé. Qui a-t-il sanctionné au lendemain du 22 avril hormis des militaires ? Point de civils ou presque aux procès des faits délictueux du 22 avril 1961 en Algérie. Quelques poignées d'individualités qui y avaient été mêlées plutôt de loin que de près, sans plus. Elles avaient agi en métropole. Après quoi elles se fondront dans l'OAS, un autre prolongement – en Algérie – du combat pour l'Algérie française. La finalité est moins nette en métropole après le « clash ».

Le 22 avril 1961 a scellé définitivement le sort d'un pays qui s'éloignait de la France. Ce destin était inéluctable et le sursaut du 22 avril ne pouvait réussir. Au mieux pouvait-il améliorer les conditions de ce divorce. C'est l'honneur des centurions du 22 avril de l'avoir cru et de l'avoir tenté. Ils l'ont payé de leur raison de vivre, leur métier qui correspondait chez presque tous à une vocation.

Pour conclure, il est possible de rappeler la déclaration du général de Pouilly devant le Haut Tribunal militaire lors du procès Salan. Certes, elle intervient un an après le « clash », à la fin du mois de mai 1962. Elle correspond autant à un plaidoyer pour le chef de l'OAS que pour le mutin du 22 avril 1961. Les propos, mesurés, soulèvent le drame de conscience à l'heure de la disparition de l'Algérie française.

Cornaudric, 2019-2020

Abréviations

AFN : Afrique française du Nord.
ALN : Armée de libération nationale.
BAP : Base aéroportée.
BCA : Bataillon de chasseurs alpins.
BCCP : Bataillon de commandos coloniaux parachutistes.
BEL : Bureau d'études et de liaisons.
BEP : Bataillon étranger de parachutistes.
BOA : Base opérationnelle avancée.
CA : Corps d'armée. Compagnie d'appui.
CAC : Corps d'armée de Constantine.
CCS : Compagnie de commandement et des services.
CRS : Compagnie républicaine de sécurité.
CSP : Comité de salut public.
DB : Division blindée.
DBFM : Demi-brigade de fusiliers marins.
DG : Délégué général.
DI : Division d'infanterie.
DIH : Détachement d'intervention héliporté.
DLI : Division légère d'intervention.
DP : Division parachutiste.
DZ : *Dropping zone* (zone de saut).
EM : État-major.
EMI : État-major interarmes.
EMT : État-major tactique.
EOR : Élève officier de réserve.
ETAP : École des troupes aéroportées.
FAF : Front de l'Algérie française.

FFL : Forces françaises libres.
FLN : Front de libération nationale.
FM : Fusil-mitrailleur.
FTP : Franc-tireur et partisan.
GALP : Groupe d'artillerie légère parachutiste.
GCPRG : Groupement de commandos parachutistes de réserve générale.
GG : Gouvernement général.
GPRA : Gouvernement provisoire de la République algérienne.
GT : Groupe de transport.
LVF : Légion des volontaires français contre le bolchevisme.
MAC : Manufacture d'armes de Châtellerault.
MP 13 : Mouvement populaire du 13 Mai.
OAS : Organisation armée secrète.
ORA : Organisation de résistance de l'armée.
ORO : Organisme de renseignements et d'opérations.
OTAN : Organisation du traité de l'Atlantique Nord.
PC : Poste de commandement.
PCF : Parti communiste français.
PM : Pistolet-mitrailleur.
RALP : Régiment d'artillerie légère parachutiste.
RC4 : Route coloniale 4.
RCA : Régiment de chasseurs d'Afrique.
RDP : Régiment de dragons parachutistes.
RE : Régiment étranger.
REC : Régiment étranger de cavalerie.
REI : Régiment étranger d'infanterie.
REP : Régiment étranger de parachutistes.
RHP : Régiment de hussards parachutistes.
RIMa : Régiment d'infanterie de marine.
RMLE : Régiment de marche de la Légion étrangère.
RPC : Régiment de parachutistes coloniaux.
RPIMa : Régiment parachutiste d'infanterie de marine.
RSA : Régiment de spahis algériens.
RT : Régiment de tirailleurs.
RTF : Radiodiffusion-télévision française.
SAS : Section administrative spécialisée.
SM : Sécurité militaire.
TAP : Troupes aéroportées.
TO : Télégramme officiel.
UNP : Union nationale des parachutistes.
UNR : Union pour la nouvelle République.
VIP : *Very Important Person.*

ABRÉVIATIONS

VL : Voiture légère.
ZCO : Zone Centre-Oranais.
ZEA : Zone Est-Algérois.
ZEO : Zone Est-Oranais.
ZNA : Zone Nord-Algérois.
ZNC : Zone Nord-Constantinois.
ZNEC : Zone Nord-Est-Constantinois.
ZNO : Zone Nord-Oranais.
ZOA : Zone Ouest-Algérois.
ZOC : Zone Ouest-Constantinois.
ZOO : Zone Ouest-Oranais.
ZSA : Zone Sud-Algérois.
ZSC : Zone Sud-Constantinois.
ZSEC : Zone Sud-Est-Constantinois.
ZSO : Zone Sud-Oranais.

Bibliographie

Abramovici, Pierre, *le Putsch des généraux. De Gaulle contre l'armée. 1958-1961*, Fayard, 2011.
Argoud, Antoine, *la Décadence, l'imposture et la tragédie*, Fayard, 1974.
Beccaria, Laurent, *Hélie de Saint Marc*, Perrin, 1988.
Challe, Maurice, *Notre révolte*, Presses de la Cité, 1968.
Courrière, Yves, *les Feux du désespoir*, Fayard, 1971.
Fauvet, Jacques, Planchet, Jean, *la Fronde des généraux*, Arthaud, 1961.
Ferrandi, Jean, *600 jours avec Salan et l'O.A.S.*, Fayard, 1969.
Jouhaud, Edmond, *Ce que je n'ai pas dit. Sakiet, O.A.S., Évian*, Fayard, 1977.
Lacouture, Jean, *De Gaulle*, tome III, Seuil, 1986.
Le Mire, Henri, *Histoire militaire de la guerre d'Algérie*, Albin Michel, 1982.
Montagnon, Pierre, *la Guerre d'Algérie. Genèse et engrenage d'une tragédie*, Pygmalion, 1984 ; ouvrage couronné par l'Académie française.
–, *l'Affaire Si Salah. Secret d'État*, Pygmalion, 1987.
–, *42 rue de la Santé. Une prison politique. 1867-1968*, Pygmalion, 1996.
–, *l'Honneur, pas les honneurs*, tome I, Bernard Giovanangeli Éditeur, 2018.
Renaud, Patrick-Charles, *le 14ème R.C.P. Les paras oubliés*, Prentera, 1987.
Rouvière, Jacques, *le Putsch d'Alger*, France-Empire, 1976.
Saucourt, Robert, *Lieutenant-colonel Georges Masselot. Honneur à la Légion et aux paras. Fidélité à l'Algérie française*, Atelier Fol'fer, 2016.
Vailly, commandant Roger, *Un condamné à mort se souvient*, Gardet, 1981.
Yvert, Benoît (dir.), *Dictionnaire des ministres (1789-1989)*, Perrin, 1990.
Zeller, Bernard, *l'Autre Visage d'Edmond Michelet. 1899-1970*, Via Romana, 2012.

Ouvrages collectifs
Fors l'Honneur, S.E.R.P., 1963.
Dictionnaire des compagnons de la Libération, Elytis, 2010.

Annexes

Les condamnations

Les condamnations ferme

Général Challe : 15 ans de détention criminelle.

Général Zeller : 15 ans de détention criminelle.

Général Bigot : 15 ans de détention criminelle.

Général Nicot : 12 ans de détention criminelle.

Commandant Denoix de Saint Marc : 10 ans de détention criminelle.

Général Faure : 10 ans de détention criminelle.

Colonel Vaudrey : 10 ans de détention criminelle.

Colonels Masselot et Lecomte : 8 ans de détention criminelle.

Général Gouraud : 7 ans de détention criminelle.

Commandant Robin : 6 ans de détention criminelle.

Général Petit : 5 ans de détention criminelle.

Commandant Forhan : 5 ans de détention criminelle.

Capitaine de Saint-Léger : 5 ans de détention criminelle.

Capitaine Boisson : 4 ans de détention criminelle.

Bernard Sabouret : 7 ans de détention criminelle.
Guy de Jebelly : 1 an de prison.
Jacques de Larocque-Latour : 1 an de prison.
(Les trois civils sont condamnés dans le cadre du complot de Paris.)

Les condamnations avec sursis
Général Mentré : 5 ans de prison.
Colonel Ceccaldi : 5 ans de prison.
Commandant Lousteau : 5 ans de prison.
Lieutenant-colonel Puga : 5 ans de prison.
Lieutenant Trouillas : 5 ans de prison.
Lieutenant de vaisseau Guillaume : 4 ans de prison.
Capitaine Vallaury : 4 ans de prison.
Colonel Marchelidon : 3 ans de prison.
Lieutenant-colonel Emery : 3 ans de prison.
Commandant Camelin : 3 ans de prison.
Capitaine Clédic : 3 ans de prison.
Capitaine Mosconi : 3 ans de prison.
Commandant Schutz : 3 ans de prison.
Commandant Lamothe : 3 ans de prison.
Lieutenant-colonel Trouette : 3 ans de prison.
Capitaine Hurtaix : 3 ans de prison.
Capitaine Mura : 3 ans de prison.
Lieutenant-colonel Le Bourhis : 2 ans de prison.
Commandant Penduff : 2 ans de prison.
Colonel Bréchignac : 2 ans de prison.
Commandant Rioual : 2 ans de prison.
Lieutenant La Briffe : 2 ans de prison.

Lieutenant de Firmas : 2 ans de prison.
Capitaine Besineau : 2 ans de prison.
Capitaine Bonelli : 2 ans de prison.
Capitaine Rubin de Cervens : 2 ans de prison.
Capitaine Carrete : 2 ans de prison.
Capitaine Estoup : 2 ans de prison.
Capitaine Ponsolle : 2 ans de prison.
Lieutenant Durand-Ruel : 2 ans de prison.
Lieutenant Picot d'Aligny d'Assignies : 2 ans de prison.
Adjudant Giubbi : 18 mois de prison.
Commandant Cabiro : 1 an de prison.
Capitaine Borel : 1 an de prison.
Capitaine Catelotte : 1 an de prison.
Capitaine Coiquaud : 1 an de prison.
Capitaine Yzquierdo : 1 an de prison.
Capitaine Branca : 1 an de prison.
Capitaine Montagnon : 1 an de prison.
Capitaine Amet : 1 an de prison.
Commandant Botella : 1 an de prison.
Commandant Guizien : 1 an de prison.
Lieutenant Basset : 1 an de prison.
Capitaine Ziegler : 1 an de prison.
Capitaine Lasselle : 1 an de prison.

Les acquittements
Colonel Ogier de Baulny.
Colonel Segura.
Colonel Roca.

Colonel Bravelet.
Capitaine Heimer.
Lieutenant Mertz.
Lieutenant Auriolle.
Capitaine Devouges (pourra poursuivre et finira général).
Capitaine Bonnel.
Capitaine Patouraux.
Capitaine Bayt.
Capitaine Heissat.
Colonel Stern.
Commandant Jourdan.
Commandant Campos.
Capitaine Pompidou.
Commandant Bonafos.
Colonel Buchoud.
Capitaine de Roquefeuil.
Capitaine Oudinot.
Capitaine Delatour.
Commandant Perrier.
Lieutenant Monganne.
Aspirant médecin Mugica.
Commandant Bléhaut.
Comandant Mouchonnet.
Commandant Azai.
Commandant Casati.

Plus onze civils qui pour beaucoup se retrouveront dans l'OAS.

Les libérations

Général Petit : 7 mai 1962 (maladie).

Général Gouraud, commandant Forhan : avril 1965.

Colonels Masselot, de La Chapelle, Lecomte, commandant Robin : juillet 1965.

Généraux Bigot, Nicot, commandant de Saint Marc : décembre 1965.

Général Faure, colonel de Sèze, commandant Camelin, lieutenant de vaisseau Guillaume : 1er avril 1966.

Général Zeller : juillet 1966.

Général Challe : décembre 1966.

Général Jouhaud : décembre 1967.

Général Salan : mai 1968.

Déclarations

Commandant de Saint Marc devant le Haut Tribunal militaire, le 5 juin 1961.

« Ce que j'ai à dire sera simple et court. Depuis mon âge d'homme, monsieur le Président, j'ai vécu pas mal d'épreuves ; la Résistance, la Gestapo, Buchenwald, trois séjours en Indochine, la guerre d'Algérie, Suez, et puis encore la guerre d'Algérie…

« En Algérie, après bien des équivoques, bien des tâtonnements, nous avions reçu une mission claire : vaincre l'adversaire, maintenir l'intégrité du territoire national, y promouvoir la justice sociale, l'égalité politique.

« On nous a fait faire tous les métiers, oui, tous les métiers, parce que personne ne pouvait ou ne voulait les faire. Nous avons mis dans l'accomplissement de notre mission, souvent ingrate, parfois amère, toute notre jeunesse, tout notre enthousiasme. Nous y avons laissé le meilleur de nous-mêmes. Nous y avons gagné l'indifférence, l'incompréhension de beaucoup, les injures de certains. Des milliers de nos camarades sont morts en accomplissant cette mission. Des dizaines de milliers de Musulmans se sont joints à nous comme camarades de combat, partageant nos peines, nos souffrances, nos espoirs, nos craintes. Nombreux sont ceux qui sont tombés à nos côtés. Le lien sacré du sang versé nous lie à eux pour toujours.

« Et puis, un jour, on nous a expliqué que cette mission était changée. Je ne parlerai pas de cette évolution incompréhensible pour nous. Tout le monde la connaît. Et un soir, pas tellement lointain, on nous a dit qu'il fallait apprendre à envisager l'abandon possible de l'Algérie, de cette terre si passionnément aimée, et cela d'un cœur léger. Alors nous avons pleuré. L'angoisse a fait place en nos cœurs au désespoir.

« Nous nous souvenions de quinze années de sacrifices inutiles, de quinze années d'abus de confiance et de reniement. Nous nous souvenions de l'évacuation de la Haute Région, des villageois accrochés à nos camions, qui, à bout de forces, tombaient en pleurant dans la poussière de la route. Nous nous souvenions de Diên Biên Phu, de l'entrée du Viêt-minh à Hanoi. Nous nous souvenions de la stupeur et du mépris de nos camarades vietnamiens en apprenant notre départ du Tonkin. Nous nous souvenions des villages abandonnés par nous et dont les habitants avaient été massacrés. Nous nous souvenions des milliers de Tonkinois se jetant à la mer pour rejoindre les bateaux français.

« Nous pensions à toutes ces promesses solennelles faites sur cette terre d'Afrique. Nous pensions à tous ces hommes, à toutes ces femmes, à tous ces jeunes qui avaient choisi la France à cause de nous et qui, à cause de nous, risquaient chaque jour, à chaque instant, une mort affreuse. Nous pensions à ces inscriptions qui recouvrent les murs de tous ces villages et mechtas d'Algérie : "L'armée nous protégera, l'armée restera." Nous pensions à notre honneur perdu.

« Alors le général Challe est arrivé, ce grand chef que nous aimions et que nous admirions et qui, comme le maréchal de Lattre en Indochine, avait su nous donner l'espoir et la victoire.

« Le général Challe m'a vu. Il m'a rappelé la situation militaire. Il m'a dit qu'il fallait terminer une victoire presque entièrement acquise et qu'il était venu pour cela. Il m'a dit que nous devions rester fidèles aux combattants, aux populations européennes et musulmanes qui s'étaient engagées à nos côtés. Que nous devions sauver notre honneur.

« Alors j'ai suivi le général Challe. Et aujourd'hui je suis devant vous pour répondre de mes actes et de ceux des officiers du 1er REP, car ils ont agi sur mes ordres.

« Monsieur le Président, on peut beaucoup demander à un soldat, en particulier de mourir, c'est son métier. On ne peut lui demander de tricher, de se dédire, de se contredire, de mentir, de se renier, de se parjurer. Oh ! je sais, monsieur le Président, il y a l'obéissance, il y a la discipline. Ce drame de la discipline militaire a été douloureusement vécu par la génération d'officiers qui nous a précédés, par nos aînés. Nous-mêmes l'avons connu à notre petit échelon jadis, comme élèves officiers ou comme jeunes garçons préparant Saint-Cyr. Croyez bien que ce drame de la discipline a pesé lourdement sur nos épaules, devant le destin de l'Algérie, terre ardente et courageuse, à laquelle nous nous sommes attachés aussi passionnément qu'au sol de nos provinces natales.

« Monsieur le Président, j'ai sacrifié vingt années de ma vie à la France. Depuis quinze ans je suis officier de Légion. Depuis quinze ans je me bats. Depuis quinze ans, j'ai vu mourir pour la France des légionnaires, étrangers peut-être par le sang reçu, mais français par le sang versé.

« C'est en pensant à mes camarades, à mes sous-officiers, à mes légionnaires tombés au champ d'honneur, que le 21 avril, à 13 h 30, devant le général Challe, j'ai fait mon libre choix.

« Terminé, monsieur le Président. »

Commandant Robin

« Devant la justice de mon pays, je réponds aujourd'hui de mes actes et de ceux de mes subordonnés dans le cadre des ordres que je leur ai donnés. Pourquoi ai-je transgressé la loi de l'obéissance et de la soumission de tous les instants ? Parce que au nom de notre patrie un choix s'est imposé entre les deux principes de notre apostolat : l'honneur et la discipline. Ayant toujours considéré que mon uniforme faisait de moi un représentant de la France, mes actes, qu'ils soient d'exécution stricte d'ordres reçus ou le fait d'initiatives prises dans le cadre de ces derniers, ne devaient en aucune façon entacher l'honneur que j'avais le privilège de représenter. Ceci était la règle de ma conscience. L'obéissance était donc simple...

« Je me suis mis à la disposition du général Challe. Il n'était animé d'aucune ambition politique et seul l'amour de la France le guidait. Il nous l'a dit et nous le savions. Il était celui qui pouvait réunir cette certitude de désintéressement et d'union. Il était enfin l'échelon de la réhabilitation. »

« Lorsque demain, privé de mes droits de citoyen, déchu du corps des officiers de France, je me présenterai devant mes enfants [il en a huit], je pourrai, au nom de ceux qui depuis quinze ans ont offert leur vie pour que soit tenue et respectée la parole de la France, leur léguer, à défaut de sécurité matérielle, l'héritage d'un honneur sans compromission. »

Non, je ne regrette rien

(*Chant des légionnaires paras putschistes du 22 avril 1961. Composé et enregistré au fort de Nogent en mai 1961 par les officiers des 1er et 2e REP.*)

Non rien de rien
Non, je ne regrette rien
Ni le mal qu'on m'a fait
Ni la prise du corps d'armée d'Alger
Non rien de rien

Non, je ne regrette rien
Au REP les officiers sont tous fiers du passé.

Le 18 janvier
Résignés à en baver
Mise au trou de Gouraud
Charles les a à zéro
Le 31 janvier
Postés près du GG
La prise de la radio
Je repars à zéro.

À minuit le régiment
Démarrait pour Oran
Querville terrorisé
De Pouilly affolé
Contingent loyaliste
Patrons antigaullistes
Bouillantaient contre nous
On se retrouve au trou.

Non rien de rien
Non, je ne regrette rien
Ni la folle équipée
Des civils, des soldats débarqués
Non rien de rien
Non, je ne regrette rien
Et tous les officiers
Sont prêts à recommencer.

SP 86506, le 27 avril 1961

Rapport du capitaine MONTAGNON Pierre commandant la quatrième compagnie du deuxième régiment étranger de parachutistes sur les événements survenus pendant la période du 22 au 26 avril.

Français de naissance, officier par vocation, légionnaire et parachutiste par goût, je pense avoir été depuis bientôt dix ans de service fidèle aux devoirs inhérents à chacun de ces états. Ces devoirs se sont concrétisés dès ma sortie de l'École dans un problème unique et majeur : la défense de l'Algérie. La défense de l'Algérie, parcelle du territoire national, j'ai le sentiment d'y avoir pleinement contribué depuis le 1er novembre 1954, de façon quasi ininterrompue et avec la totalité de mon énergie. Au début de la rébellion jusqu'à ce jour J j'ai mené dans la troupe un combat que je voulais gagner. Ce combat, j'estime l'avoir gagné.

Par ailleurs, j'ai engagé ma parole, soit personnellement soit dans le cadre d'une armée dont je suis membre, à maintenir la présence française en Algérie. Cet engagement d'honneur s'est adressé aussi bien à des Européens qu'à des Musulmans.

C'est pourquoi, en pleine connaissance de mes responsabilités, je me suis engagé dans une voie dont l'unique but était le maintien de l'Algérie française. Ce devant la réalité d'une politique qui conduisait à brève échéance à l'amputation de l'intégrité nationale, à l'affaiblissement de la grandeur du pays, à l'arrivée de l'adversaire à Alger. J'ai la conviction absolue d'avoir agi dans l'honneur et pour l'honneur fidèle à la parole donnée.

Cette action menée de plein gré, en accord total avec mes camarades officiers, je l'ai imposée à ma troupe, sûr de mon droit. Celle-ci, fidèle à la discipline militaire, a obéi au chef dans lequel elle avait confiance et auquel elle obéissait au combat. C'est pourquoi la responsabilité des sous-officiers et des légionnaires est absolument dégagée.

Ceci posé, le présent rapport a pour but de faire ressortir mon rôle personnel et les actes de la compagnie sous mon commandement pendant la période du 22 au 26 avril 1961.

Journée du 22 avril

0 h 35 : La compagnie part en véhicule pour effectuer une opération dans la région nord de Jemmapes.

6 h 00 : La compagnie est stoppée, puis reçoit l'ordre de rentrer en BOA.

7 h 30 : Alerte à une heure. Remise en conditions du personnel.

8 h 30 : Réunion des commandants de compagnie. Le chef de corps nous informe :

– 1° des événements d'Alger ;

– 2° que les 14e et 18e RCP ont fait mouvement sur Alger sur ordre du corps d'armée de Constantine.

13 h 00 : Alerte immédiate en vue d'effectuer un mouvement sur Sétif.

13 h 40 : Départ prévu reporté à 18 heures environ.

18 h 00 : Réunion des commandants de compagnie. Le chef de corps nous informe :

– 1° de l'entrevue général Zeller-général Autrand. Cette entrevue semble faire ressortir l'accord de ces deux généraux ;

– 2° qu'il tiendra les officiers au courant de la situation ;

– 3° qu'à l'heure du choix, il nous transmettra les ordres en précisant :

les origines ;

leur teneur ;

– 4° qu'il nous laisse le libre choix de notre décision ;

– 5° qu'enfin sur le plan pratique le camp est consigné, à l'exception des officiers, et sous-officiers supérieurs mariés (un officier présent au camp par compagnie).

19 h 00 : Suite aux ordres du chef de corps j'autorise :

– l'adjudant Ballestracci ;

– le lieutenant Clément à rejoindre leur domicile. Je donne toutefois ordre au lieutenant Clément de rentrer pour 24 h 00.

19 h 15 : Je précise à mes officiers d'attendre et d'obéir à mes ordres.

21 h 00 : Je pénètre dans le bureau du chef d'état-major pour continuer la discussion commencée à la popote sur l'évolution possible de la situation.

21 h 30 : Les lieutenants du régiment reçus par le chef d'état-major en présence de leurs commandants de compagnie se voient préciser que la voie hiérarchique est seule valable et que les ordres leur seront transmis en temps voulu par les commandants de compagnie.

22 h 15 : Le chef d'état-major qui a été convoqué au PC de la 25e DP rapporte les ordres du colonel chef d'état-major de la 25e DP.

Faire mouvement sur Alger.

Je donne mon accord absolu à cet ordre, conscient de cet engagement derrière le général d'armée Challe.

Journée du 23 avril

00 h 15 : Je fais réveiller et préparer ma compagnie.

1 h 00 : Rassemblement de la compagnie.

Le sergent-chef Kniewallner en état d'ébriété est puni de 8 jours d'arrêts de rigueur.

1 h 15 : La compagnie commence son mouvement dans le cadre du régiment. Effectif :

– 3 officiers ;

– 11 sous-officiers ;

– 94 hommes de troupe.

7 h 30 : Plein d'essence à Sétif après accord du 4e bureau du CAC.

17 h 00 : Arrivée à Rouïba.

18 h 00 : Installation à Cap-Matifou dans les cantonnements de la 4e compagnie du 9e RCP.

Ordre pour le lendemain alerte à une heure.

Journée du 24 avril

8 h 15 : Compagnie en alerte à 15 minutes.

12 h 00 : La compagnie reçoit l'ordre de se porter sur Maison-Blanche.

13 h 30 : La compagnie reçoit l'ordre :

– d'assurer le bouclage de la base aéronavale ou se produisent des troubles fomentés par des marins et des aviateurs ;

– d'effectuer cette action sans tirer un coup de feu même si elle est prise à partie.

14 h 00 : Le dispositif est en place en liaison avec la compagnie portée.

14 h 15 : 4 half-tracks dont les émeutiers se sont emparés sont repérés. Ordre est donné de s'en emparer.

14 h 30 : les half-tracks sont occupés. L'armement saisi.

Au cours de cette action :

– les légionnaires ont avancé en ordre sans un mot. Les émeutiers leur ont lancé les pires insultes ;

– quelques coups ont été échangés ;

– un adjudant aviateur en complet état d'ivresse a été retenu pendant trente minutes pour éloigner une source de désordre.

14 h 45 : Le colonel commandant la base aérienne arrive sur les lieux. Il précise à ses hommes :

– 1° que leur vie matérielle (courrier, solde) ne sera pas altérée ;

– 2° qu'ils doivent reprendre le travail.

15 h 15 : Le personnel de l'aviation rejoint ses cantonnements.

17 h 00 : La compagnie de protection de la base aérienne reprend possession des 4 half-tracks saisis.

19 h 30 : Cérémonie des couleurs à la base aéronavale.

20 h 00 : La compagnie reçoit ordre de faire mouvement isolément sur Aïn-Taya pour y relever un détachement de la CCS.

20 h 30 : Arrivée à Aïn-Taya, prise de consignes auprès du capitaine commandant la CCS :

– 1° interdire la sortie de tout matériel militaire des bâtiments du PC du secteur ;

– 2° assurer le contrôle du central radio.

20 h 45 : Dispositif en place :

– 1 section à Surcouf (1 km est) à la garde d'un petit dépôt ;

– 3 sections au port du PC secteur.

22 h 00 : Suite à l'ordre d'un officier du PC du secteur d'Aïn-Taya, la troupe à l'intérieur de celui-ci semble devoir prendre une attitude belliqueuse. Je m'adresse à celui-ci en lui spécifiant la raison de notre action : la défense de l'Algérie française.

Il n'est absolument pas question de tirer. Le calme est rétabli.

23 h 30 : Un PRC 10 en liaison avec le commandant du secteur d'Aïn-Taya en fuite est repéré. Son servant est renvoyé dans son unité. Le poste et l'antenne sont saisis sur mon ordre.

Jusqu'au matin :

– la mission s'effectue sans incidents ;

– la compagnie bivouaque sur ses positions ;

– le personnel est libre de ses allées et venues ;

– un sous-officier et 2 légionnaires se relaient au central radio ;

– la sortie du matériel est interdite.

Journée du 25 avril

6 h 00 : Réveil.

8 h 30 : Inspections du commandant Cabiro.

10 h 00 : Un message radio ayant été capté originaire du commandant du secteur d'Aïn-Taya en fuite et précisant de s'opposer à notre action même par le feu, je fais évacuer le central et le bâtiment des transmissions.

13 h 30 : La compagnie reçoit l'ordre de se regrouper au PC du régiment à Cap-Matifou.

14 h 00 : Le commandant Cabiro informe les commandants de compagnie :

– 1° de la situation d'Alger ;

– 2° que le général Challe envisage d'arrêter l'action ;

– 3° que la division donne l'ordre de rejoindre Philippeville.

15 h 30 : Réunion des commandants de compagnie. Le régiment, après entrevue entre le général Autrand et le commandant Cabiro, doit :

– 1° rejoindre Philippeville ;

– 2° reprendre la vie opérationnelle ;

– 3° garder ses armes ;

– 4° retrouver son drapeau.

17 h 30 : La compagnie dans le cadre du régiment quitte Cap-Matifou.

21 h 30 : Arrivée à Aïn-Yagout. Installation et bivouac.

Journée du 26 avril

8 h 30 : Départ d'Aïn-Yagout.

15 h 30 : Arrivée à Philippeville.

16 h 30 : Installation au camp Péhau.

Pour conclure je tiens à faire ressortir :

– 1° que ce rapport rédigé à la demande de M. le Colonel Darmuzai est un rapport militaire, il ne peut être une base d'une action judiciaire ;

– 2° que cette relation des faits est forcément incomplète et imprécise ;

– 3° que je n'engage que ma responsabilité et non celle des personnes citées dans le présent rapport ;

– 4° que tout au long de cette action j'ai conservé la solidité et la cohésion de ma troupe. Celle-ci m'a suivi sans que je lui demande son avis ou son opinion et ce dans la tradition de la Légion étrangère ;

– 5° que j'ai le sentiment absolu d'avoir agi pour une cause sacrée : l'Algérie française. Ayant agi dans l'honneur, avec honneur et pour l'honneur, en paix avec ma conscience, je ne regrette rien.

Table

Achevé d'imprimer en mai 2021 chez CPI Firmin-Didot (164306)
Dépôt légal : mai 2021